ECONOMÍA EN UNA LECCIÓN
Henry Hazlitt
Introducción por Walter Block

INSTITUTOMISES
AUBURN, ALABAMA

Henry Hazlitt escribió este libro tras su paso por el *New York Times* como editorialista. Su esperanza era reducir toda la enseñanza de la economía a unos pocos principios y explicarlos de forma que la gente nunca los olvidara. Y funcionó. Se basó en algunos relatos de Bastiat y en su propia e impecable capacidad de pensamiento lógico y prosa cristalina.

Escribía bajo la influencia del propio Mises, por supuesto, pero aportó sus propios dones especiales al proyecto. Como ejemplo, este es el libro que hizo tan famosa la idea de la «falacia de la ventana rota». Conciso e instructivo, es también engañosamente premonitorio y de gran alcance en sus esfuerzos por disipar falacias económicas que son tan frecuentes que casi se han convertido en una nueva ortodoxia.

Este es el libro que hay que enviar a los periodistas, los políticos, los pastores, los activistas políticos, los profesores o cualquier otra persona que necesite saber. Es probablemente el libro de economía más importante jamás escrito en el sentido de que ofrece la mayor esperanza para educar a todos sobre el significado de la ciencia.

Muchos escritores han intentado superar este libro como introducción, pero nunca lo han conseguido. El libro de Hazlitt sigue siendo el mejor. Sigue siendo la forma más rápida de aprender a pensar como un economista. Y por eso se ha utilizado en las mejores aulas durante más de sesenta años.

Edición en inglés de 2007 por el Instituto Mises (mises.org). Licencia «Creative Commons Atribución-NoComercial-SinDerivar 4.0 Internacional»
https://creativecommons.org/licenses/by-nc-nd/4.0/deed.es

Traducido al español por Fabricio Terán.

INTRODUCCIÓN A LA EDICIÓN DE 2007 DE ECONOMÍA EN UNA LECCIÓN

Escribir esta introducción es una labor de amor para mí. Ya sabes que las mujeres a veces se dicen «¡Este vestido eres *tú*!». Bueno, ¡este libro soy *yo*! Este fue el primer libro de economía que saltó y me agarró. Había leído algunos antes, pero eran aburridos. Muy aburridos. ¿Mencioné aburrido? En contraste, *Economía en una lección* me agarró por el cuello y nunca jamás me dejó ir. Lo leí por primera vez en 1963. No sé cuántas veces lo he releído desde entonces. Tal vez, media docena de veces en su totalidad, y decenas de veces, parcialmente, ya que siempre lo uso cuando doy cursos de introducción a la economía.

Todavía me sorprende su frescura. Aunque la primera edición apareció en 1946, aparte de unas pocas palabras en ella (por ejemplo, sirve para ridiculizar las teorías económicas de Eleanor Roosevelt, sobre las cuales más abajo) los títulos de sus capítulos aparecen como si estuvieran arrancados de los titulares de hoy. A menos que me equivoque mucho, esto seguirá siendo cierto dentro de otros 60 años, es decir, en 2068. Hablamos de un libro para todos los tiempos. Otros libros de economía austriaca también son clásicos, y serán leídos mientras el hombre siga interesado en el tema. Acción humana de Mises y Hombre, economía y Estado de Rothbard vienen a la mente en este sentido. Pero esos son tomos épicos, numerados en cientos de páginas. Este pequeño libro de Hazlitt es sólo una introducción, escrito, específicamente, para el principiante. Me pregunto cuántas introducciones a un tema se puede decir realmente que son clásicas. Apostaría que muchas, muy pocos, si es que hay alguna.

No hay nada que le guste más a un profesor que cuando esa expresión de comprensión ilumina la cara de un estudiante. Las caricaturas muestran este fenómeno en forma de una bombilla que aparece justo encima de la representación del personaje. Bueno, déjeme decirle: He obtenido más «ajás» de los estudiantes iniciales que han leído este libro que de cualquier otro. Garantizo que ha habido más conversiones a la filosofía del libre mercado con este libro de economía que con todos los demás juntos. Es simplemente estupendo. Lo único que lamento en este sentido es que nunca más leeré este libro por primera vez. Eso, gentil lector, es un privilegio que te envidio mucho por tener.

Unas palabras sobre el estilo. El contenido, aquí, podemos darlo por sentado. Pero el número de economistas que *realmente* pueden escribir se puede contar con los dedos, pero Hazlitt es ciertamente uno de ellos. Su verbosidad salta bastante de la página, agarrándote por el cuello. De hecho, ahora me atrevo a hacer una «crítica» menor: el autor de este libro es tan elegante en la redacción que a veces, raramente, me encuentro tan maravillado con su presentación, que aparto la vista de la «bola» del mensaje económico subyacente.

Pero ya basta de mi apreciación personal y babeante de *Economía en una lección*. Ahora vamos a llegar a algunos detalles. El núcleo de este libro es, sin duda, la *lección*: «el arte de la economía consiste en mirar no sólo a los efectos inmediatos sino a los más largos de cualquier acto o política; consiste en trazar las consecuencias de esa política no sólo para un grupo sino para todos los grupos». Junto con la sospecha de Hazlitt de la «petición especial de intereses egoístas» y su magnífica interpretación del ejemplo de la «ventana rota» de Bastiat, el plan de *Economía en una lección* es claro: perforar estas ideas en el lector en los primeros capítulos, y luego aplicarlas, implacablemente, sin temor ni favoritismo, a toda una serie de ejemplos específicos. Cada falacia económica generalizada abrazada por expertos, políticos, editorialistas, clérigos, académicos, recibe el rechazo que tan ricamente merece por parte de este autor: que las obras públicas promueven el bienestar económico, que los sindicatos y las leyes de salario mínimo inspiradas en los sindicatos en realidad aumentan los salarios, que el libre comercio crea desempleo, que el control de los alquileres ayuda a alojar a los pobres, que el ahorro perjudica a la economía, que los beneficios explotan a los afectados por la pobreza, la lista es interminable. Emocionante. Nadie que digiera este libro será el mismo cuando se trate de análisis de políticas públicas.

No puedo dejar esta introducción sin mencionar dos de mis pasajes favoritos. En el capítulo 3, «Las bendiciones de la destrucción», Hazlitt aplica la lección de la falacia de la ventana rota (¿quién puede olvidar al vándalo que tira un ladrillo por la ventana de la panadería?) a la devastación masiva, como el bombardeo de ciudades. ¿Acaso no es una gema? «Era simplemente nuestro viejo amigo, la falacia de la ventana rota, con ropa nueva, y la grasa crecida más allá del reconocimiento». ¿Alemania y Japón prosperaron realmente después de la Segunda Guerra Mundial gracias a los bombardeos que se les infligieron? Tenían nuevas fábricas, construidas para reemplazar las que fueron destruidas, mientras que los victoriosos EEUU sólo tenían fábricas de mediana edad y viejas. Bueno, si esto fuera todo lo que se necesita para lograr la prosperidad, dice Hazlitt, siempre podemos bombardear nuestras propias instalaciones industriales.

Y aquí está mi favorito de todos los tiempos. Dice Hazlitt en el capítulo 7, «La maldición de la maquinaria», «La Sra. Eleanor Roosevelt... escribió: 'Hoy hemos llegado a un punto en el que los dispositivos de ahorro de mano de obra son buenos sólo cuando no echan al trabajador de su trabajo'». Nuestro autor va directo a la esencia de esta falacia: «¿Por qué se debe transportar la carga de Chicago a Nueva York por ferrocarril cuando podríamos emplear muchísimos más hombres, por ejemplo, para llevar todo a la espalda?». No, en esta dirección se encuentra el rabioso Ludismo, donde toda la maquinaria es relegada al cubo de basura de la economía, y la humanidad es relegada a una existencia de la edad de piedra.

¿Qué hay del hombre Hazlitt? Nació en 1894, y tuvo una educación de primera clase, siempre que sus padres pudieran permitírselo. Tuvo que dejar la escuela. Un lector voraz, aprendió más y logró más que la mayoría de los académicos profesionales. Pero permaneció sin credenciales. Ninguna universidad le otorgó su doctorado en economía. Hazlitt estaba casi congelado en la educación superior. Aparte de algunos profesores austrolibertarios que asignaron libros como este a sus clases, fue ignorado por el mainstream académico.

Cuando se trataba de publicar y escribir, Hazlitt era una verdadera máquina. Su bibliografía total contiene más de 10.000 entradas. Eso *no* es un error de imprenta. (Como pueden ver, aquellos que disfrutan de *Economía en una lección* tendrán una lectura muy agradable delante de ellos). Estaba en ello desde muy joven, inicialmente abriéndose camino en Nueva York trabajando para diarios financieros. Hazlitt se hizo famoso como editor literario de *The Nation* en 1930. Estaba interesado en la economía pero no particularmente en la política.

El New Deal cambió todo eso. Se opuso a la reglamentación impuesta por el régimen. *The Nation* debatió el tema y decidió apoyar a FDR y todas sus obras. Hazlitt tuvo que irse. Su siguiente trabajo: el sucesor de H.L. Mencken en el *American Mercury*. Algunos de los mejores escritos anti-New Deal de la época fueron hechos nada menos que por nuestro hombre. Para 1940 había ascendido a escritor editorial en *The New York Times*, donde escribía un artículo o dos cada día, la mayoría de ellos sin firmar. Luego conoció a Ludwig von Mises y su período austriaco comenzó. Escribiendo para el periódico, revisó todos los libros austriacos importantes y les dio una prominencia que de otra manera no hubieran tenido. Fue al final de su cargo allí que escribió este libro —justo antes de llegar a los golpes con la gerencia sobre la sabiduría de Bretton Woods, y salir para *Newsweek*, donde escribió maravillosos editoriales, mientras contribuía a cada lugar que lo publicaría. Murió en 1993.

En resumen, me siento como un anfitrión de fiesta presentando a dos invitados, que espera que se agraden. Espero que te guste este libro. Pero más, espero que afecte a tu vida de la misma forma que ha afectado a la mía. Me ha inspirado a promover la libertad económica. De hecho, para nunca callarme sobre ello. Me ha convencido de que la economía de libre mercado es tan hermosa, a su manera, como un prisma, un diamante, un atardecer, la sonrisa de un bebé. Estamos hablando del equivalente verbal de un Mozart o un Bach. Este libro iluminó mi vida, y espero que tú obtengas algo, mucho de él, también.

Walter Block
Agosto, 2007

PREFACIO DE LA PRIMERA EDICIÓN

Este libro contiene un análisis de las falacias económicas que han alcanzado en los últimos tiempos preponderancia suficiente hasta convertirse casi en una nueva ortodoxia. Tan sólo hubo de impedirlo sus propias contradicciones internas, que han dividido, a quienes aceptan las mismas premisas, en cien «escuelas» distintas, por la sencilla razón de que es imposible, en asuntos que tocan a la vida práctica, equivocarse de un modo coherente. Pero la única diferencia entre dos cualesquiera de las nuevas escuelas consiste en que unos u otros de sus seguidores se dan cuenta antes de los absurdos a que les conducen sus falsas premisas y desde ese momento se muestran en desacuerdo, bien por abandono de tales premisas, bien por aceptación de conclusiones menos nocivas o fantásticas que las que la lógica exigiría.

Con todo, en este momento no existe en el mundo un gobierno importante cuya política económica no se halle influida, cuando no totalmente determinada, por la aceptación de alguna de aquellas falacias. Quizá el camino más corto y más seguro para el entendimiento de la Economía sea una previa disección de los aludidos errores y singularmente del error central del que todos parten. Tal es la pretensión del presente volumen y de su título un tanto ambicioso y beligerante.

El libro ofrece, ante todo, un carácter expositivo, y no pretende ser original en cuanto a las principales ideas que contiene. Trata más bien de evidenciar cómo muchos de los que hoy pasan por brillantes avances e innovaciones son, de hecho, mera resurrección de antiguos errores y prueba renovada del aforismo según el cual quienes ignoran el pasado se ven condenados a repetirlo.

Sospecho que también el presente ensayo es vergonzosamente «clásico», «tradicional» y «ortodoxo». Al menos, éstos son los epítetos con los que, sin duda, intentarán desvirtuarlo aquellos cuyos sofismas se analizan aquí. Pero el estudioso, cuya intención es alcanzar la mayor cantidad posible de verdad, no ha de sentirse intimidado por tales adjetivos ni creer que ha de andar siempre buscando una revolución, un «nuevo inicio» en el pensamiento económico. Su mente debe, desde luego, estar tan abierta a las nuevas como a las viejas ideas; y se complacerá en rechazar lo que es puro afán de inquietud y sensacionalismo por lo nuevo y original. Tal vez, como Morris R. Cohen ha apuntado, «la idea de que podemos desentendernos de las opiniones de cuantos pensadores nos han precedido, quita todo fundamento a la esperanza de que nuestra obra sea de algún valor para los que nos sucedan».[1]

Por tratarse de una obra expositiva, me he valido libremente de ideas ajenas sin indicar su origen, con la salvedad de raras notas y citas. Esto es inevitable cuando se escribe sobre materia que ha sido ya tratada por muchas de las más claras mentes del mundo. Pero mi deuda para con un mínimo de tres escritores es de naturaleza tan especial que no puedo pasar por alto su mención. En primer lugar, y por lo que atañe al tipo de argumentación expositiva empleada en mi obra, mi deuda es con el ensayo de Frédéric Bastiat *Ce qu'on voit et ce qu'on ne voit pas*, con casi un siglo de antigüedad. El presente trabajo puede, en efecto, ser considerado como una modernización, ampliación y generalización de lo contenido en aquel folleto. Mi segunda deuda es con Philip Wicksteed; y particularmente los capítulos sobre salarios y el resumen final deben mucho a su *Commonsense of Political Economy*. La tercera alude a Ludwig von Mises. Además de todo lo que en este tratado elemental pueda deber al conjunto de sus escritos, lo que de una manera más específica me obliga a él es su exposición de la forma como se ha extendido el proceso de inflación monetaria.

He considerado todavía menos procedente mencionar nombres en el análisis de las falacias. El hacerlo hubiera requerido una especial justicia para cada escritor criticado, con citas exactas y teniendo en cuenta la particular importancia que concede a este o al otro punto, las limitaciones que señala y sus ambigüedades personales, incoherencias, etc. Por ello creo que a nadie le importará demasiado la ausencia en estas páginas de nombres tales como Karl Marx, Thorstein Veblen, Major Douglas, Lord Keynes, profesor Alvin Hansen y tantos otros. El objeto de este libro no es exponer los errores propios de determinado escritor, sino los errores económicos en su forma más frecuente, extendida e influyente. Las falsedades, una vez pasan al dominio público, se hacen anónimas, perdiendo las sutilezas o vaguedades que pueden observarse en los autores que más han cooperado a su propagación. La doctrina se simplifica; y el sofisma, enterrado en una maraña de distingos, ambigüedades o ecuaciones matemáticas, surge a plena luz. En su consecuencia, espero no se me acuse de injusto ante el hecho de que cualquier doctrina en boga, en la forma en que la presento, no coincida exactamente tal y como la formulara Lord Keynes o algún otro autor determinado. Lo que aquí nos interesa son las creencias sostenidas por grupos políticamente influyentes o que deciden la acción gubernamental y no sus orígenes históricos.

Espero, finalmente, que se me perdone por hacer tan rara referencia a las estadísticas en las siguientes páginas. Haber intentado presentar una confirmación estadística, en referencia a los efectos de los aranceles, la fijación de precios, la inflación y los controles sobre productos básicos como el carbón, el caucho y el algodón, habría inflado este libro mucho más allá de las dimensiones contempladas. Como periodista, además, soy muy consciente de la rapidez con que las estadísticas se vuelven obsoletas y son reemplazadas por cifras posteriores. Se aconseja a quienes se interesan por problemas económicos concretos que lean los actuales debates «realistas» sobre ellos, con documentación estadística: no les resultará difícil interpretar correctamente las estadísticas a la luz de los principios básicos que han aprendido.

He tratado de escribir este libro con cuanta sencillez y ausencia de tecnicismo eran compatibles con la necesaria precisión, de modo que pueda ser perfectamente comprendido por el lector que carece de una previa preparación económica.

Aunque este libro fue compuesto como una unidad, tres capítulos ya han aparecido como artículos separados, y desde aquí deseo expresar mi agradecimiento a *The New York Times*, *The American Scholar* y *The New Leader* por el permiso de reimprimir el material originalmente publicado en sus páginas.. Agradezco al profesor von Mises por leer el manuscrito y por sus útiles sugerencias. La responsabilidad de las opiniones expresadas es, por supuesto, enteramente mía.

Henry Hazlitt
Nueva York
25 de marzo de 1946

PARTE I
LA LECCIÓN

CAPÍTULO 1

La lección

La economía está acechada por más falacias que cualquier otro estudio conocido al hombre. Esto no es un accidente. Las dificultades inherentes al tema serían lo suficientemente grandes, en cualquier caso, pero se multiplican mil veces por un factor que es insignificante en, digamos, la física, las matemáticas, o la medicina —las plegarias especiales de intereses egoístas. Mientras que cada grupo tiene ciertos intereses económicos idénticos a los de todos los grupos, cada grupo tiene también, como veremos, intereses antagónicos a los de todos los demás grupos. Si bien ciertas políticas públicas a largo plazo benefician a todo el mundo, otras políticas beneficiarían a un solo grupo en el a expensas de todos los demás grupos. El grupo que se beneficiaría de tales políticas, teniendo un interés tan directo en ellas, las defenderá de forma plausible y persistente. Contratará a las mejores mentes comprables para dedicar todo su tiempo para presentar su caso. Y finalmente convencerá al público en general que su caso es sólido, o lo confunden tanto que el pensamiento claro sobre el tema se vuelve casi imposible.

Además de estas interminables plegarias de interés propio, hay un segundo factor principal que genera nuevas falacias económicas cada día. Esta es la tendencia persistente de los hombres a ver sólo los efectos inmediatos de una política determinada, o sus efectos sólo en un grupo especial, y a no preguntarse cuáles serán los efectos a largo plazo de esa política no sólo en ese grupo especial sino en todos los grupos. Es la falacia de pasar por alto las consecuencias secundarias. En esto radica casi toda la diferencia entre la buena y mala economía. El mal economista ve sólo las consecuencias directas de un curso propuesto; el buen economista ve también las consecuencias más largas e indirectas. El mal economista sólo ve cuál ha sido o será el efecto de una política determinada sobre un grupo en particular; el buen economista pregunta también cuál será el efecto de la política sobre todos los grupos.

La distinción puede parecer obvia. La precaución de buscar todas las consecuencias de una política determinada para todos puede parecer elemental. ¿No sabe todo el mundo, en su vida personal, que hay todo tipo de excesos agradables en el momento pero desastrosos al final? ¿No saben todos los niños pequeños que si comen suficientes dulces se enferman? ¿No sabe el que se emborracha que se despertará a la mañana siguiente con un estómago espantoso y una cabeza horrible? ¿No sabe el dipsómano que está arruinando su hígado y acortando su vida? ¿No sabe el Don Juan que se arriesga a todo tipo de riesgos, desde el chantaje hasta la enfermedad? Finalmente, para llevarlo al ámbito económico aunque todavía personal, ¿no sabe el ocioso y el derrochador, incluso en medio de su gloriosa aventura, que se dirige hacia un futuro de deuda y pobreza?

Sin embargo, cuando entramos en el campo de la economía pública, estas verdades elementales son ignoradas. Hay hombres considerados hoy en día como brillantes economistas, que desaprueban el ahorro y recomiendan el despilfarro a escala nacional como el camino de la salvación económica; y cuando alguien señala cuáles serán las consecuencias de estas políticas a largo plazo, responden con ligereza, como podría hacerlo el hijo pródigo de un padre amonestador: «En el largo plazo todos estaremos muertos». Y tales bromas superficiales pasan como epigramas devastadores y la sabiduría más madura.

Pero la tragedia es que, por el contrario, ya estamos sufriendo las consecuencias a largo plazo de las políticas del pasado remoto o reciente. Hoy ya es el mañana que el mal economista de ayer nos instó a ignorar. Las consecuencias a largo plazo de algunas políticas económicas pueden hacerse evidentes en unos pocos meses. Otras pueden no ser evidentes hasta varios años. Otras pueden no ser evidentes durante décadas. Pero en todos los casos esas consecuencias a largo plazo están contenidas en la política tan seguramente como la gallina estaba en el huevo, la flor en la semilla.

Por lo tanto, desde este aspecto, toda la economía puede reducirse a una sola lección, y esa lección puede reducirse a una sola frase. *El arte de la economía consiste en mirar no sólo a los inmediatos sino a los más largos efectos de cualquier acto o política; consiste en trazar las consecuencias de esa política no sólo para un grupo sino para todos los grupos.*

Nueve décimos de las falacias económicas que están causando tan terrible daño en el mundo de hoy son el resultado de ignorar esta lección. Todas esas falacias se derivan de una de las dos falacias centrales, o de ambas: la de considerar sólo las consecuencias inmediatas de un acto o una propuesta, y la de considerar las consecuencias sólo para un grupo en particular al descuido de otros grupos.

Es cierto, por supuesto, que el error opuesto es posible. Al considerar una política no debemos concentrarnos *sólo* en sus resultados a largo plazo para la comunidad en su conjunto. Este es el error que a menudo cometieron los economistas clásicos. Se tradujo en una cierta insensibilidad hacia el destino de los grupos que fueron inmediatamente perjudicados por políticas o desarrollos que resultaron beneficiosos en el balance neto y en el largo plazo.

Pero comparativamente pocas personas hoy en día cometen este error; y esos pocos consisten principalmente en economistas profesionales. La falacia más frecuente con diferencia hoy en día, la falacia que surge una y otra vez en casi todas las conversaciones que tratan de asuntos económicos, el error de mil discursos políticos, el sofisma central de la «nueva» economía, es concentrarse en los efectos a corto plazo de las políticas sobre grupos especiales e ignorar o menospreciar los efectos a largo plazo sobre la comunidad en su conjunto. Los «nuevos» economistas se jactan de que se trata de un gran avance, casi revolucionario, con respecto a los métodos de los economistas «clásicos» u «ortodoxos», porque los primeros tienen en cuenta los efectos a corto plazo que los segundos suelen ignorar. Pero al ignorar o despreciar los efectos a largo plazo, cometen un error mucho más grave. Pasan por alto los bosques en su examen preciso y minucioso de árboles particulares. Sus métodos y conclusiones son a menudo profundamente reaccionarios. A veces se sorprenden al encontrarse de acuerdo con el mercantilismo del siglo XVII. De hecho, caen en todos los antiguos errores (o lo harían, si no fueran tan inconsistentes) de los que los economistas clásicos, esperábamos, se habían deshecho de una vez por todas.

A menudo se observa con tristeza que los malos economistas presentan sus errores al público mejor que los buenos economistas presentan sus verdades. A menudo se lamenta que los demagogos pueden ser más convincentes al presentar tonterías económicas desde la tarima que los hombres honestos que tratan de mostrar lo que está mal. Pero la razón básica de esto no debería ser misteriosa. La razón es que los demagogos y los malos economistas están presentando medias verdades. Hablan sólo del efecto inmediato de una política propuesta o de su efecto sobre un solo grupo. En lo que a ellos respecta, a menudo pueden tener razón. En estos casos la respuesta consiste en demostrar que la política propuesta también tendría efectos más prolongados y menos deseables, o que podría beneficiar a un solo grupo a expensas de todos los demás grupos. La respuesta consiste en complementar y corregir la verdad a medias con la otra mitad. Pero considerar todos los efectos principales de un curso propuesto sobre todos requiere a menudo una larga, complicada y aburrida cadena de razonamiento. La mayoría de la audiencia encuentra esta cadena de razonamiento difícil de seguir y pronto se aburre y no presta atención. Los malos economistas racionalizan esta debilidad intelectual y esta pereza asegurando al público que ni siquiera tiene que intentar seguir el razonamiento o juzgarlo por sus méritos porque sólo es «clasicismo» o «laissez-faire» o «apologética capitalista» o cualquier otro término de insulto que puede parecer que les parezca efectivo.

Hemos declarado la naturaleza de la lección, y de las falacias que se interponen en su camino, en términos abstractos. Pero la lección no será llevada a casa, y las falacias continuarán sin ser reconocidas, a menos que ambas sean ilustradas con ejemplos. A través de estos ejemplos podemos pasar de los problemas más elementales de la economía a los más complejos y difíciles. A través de ellos podemos aprender a detectar y evitar primero las falacias más crudas y palpables y finalmente algunas de las más sofisticadas y esquivas. A esa tarea procederemos ahora.

PARTE II
LA LECCIÓN APLICADA

CAPÍTULO 2

La ventana rota

Comencemos con la ilustración más simple posible: emulando a Bastiat, escojamos un cristal roto. Un joven rufián, digamos, lanza un ladrillo a través de la ventana de una panadería. El tendero sale furioso, pero el chico se ha ido. Una multitud se reúne y comienza a mirar con satisfacción silenciosa el enorme agujero de la ventana y los cristales rotos sobre el pan y los pasteles. Después de un rato la multitud siente la necesidad de una reflexión filosófica. Y es casi seguro que varios de sus miembros se recuerdan unos a otros o al panadero que, después de todo, la desgracia tiene su lado bueno. Hará negocio para algún vidriero. A medida que empiezan a pensar en esto, se explayan sobre ello. ¿Cuánto cuesta una ventana de vidrio nueva? ¿Cincuenta dólares? Esa será una suma considerable. Después de todo, si las ventanas nunca se rompieran, ¿qué pasaría con el negocio del vidrio? Entonces, por supuesto, la cosa es interminable. El vidriero tendrá 50 dólares más para gastar con otros comerciantes, y éstos a su vez tendrán 50 dólares más para gastar con otros comerciantes, y así *hasta el infinito*. La ventana rota seguirá proporcionando dinero y empleo en círculos cada vez más amplios. La conclusión lógica de todo esto sería, si la multitud lo dibujara, que el pequeño rufián que lanzó el ladrillo, lejos de ser una amenaza pública, era un benefactor público.

Ahora echemos otro vistazo. La multitud tiene razón al menos en su primera conclusión. Este pequeño acto de vandalismo significará en primer lugar más negocio para algún vidriero. El vidriero no estará más descontento al enterarse del incidente que un enterrador al enterarse de una muerte. Pero el tendero perderá los 50 dólares que pensaba gastar en un traje nuevo. Debido a que ha tenido que reemplazar una ventana, tendrá que irse sin el traje (o alguna necesidad o lujo equivalente). En lugar de tener una ventana y 50 dólares, ahora sólo tiene una ventana. O, como estaba planeando comprar el traje esa misma tarde, en lugar de tener tanto una ventana como un traje debe contentarse con la ventana y no con el traje. Si pensamos en él como parte de la comunidad, la comunidad ha perdido un nuevo traje que de otra manera habría llegado a existir, y es mucho más pobre.

La ganancia del vidriero, en resumen, es simplemente la pérdida del negocio del sastre. No se ha añadido ningún nuevo «empleo». La gente en la multitud sólo pensaba en dos partes de la transacción, el panadero y el vidriero. Se habían olvidado del potencial tercero involucrado, el sastre. Lo olvidaron precisamente porque ahora no entrará en escena. Verán la nueva ventana en uno o dos días. Nunca verán el traje extra, precisamente porque nunca se hará. Sólo ven lo que es inmediatamente visible a los ojos.

CAPÍTULO 3

Las bendiciones de la destrucción

Así que hemos terminado con la ventana rota. Una falacia elemental. Cualquiera, uno pensaría, sería capaz de evitarla después de pensarlo un momento. Sin embargo, la falacia de la ventana rota, bajo cien disfraces, es la más persistente en la historia de la economía. Es más desenfrenada ahora que en cualquier otro momento del pasado. Es solemnemente reafirmada cada día por grandes capitanes de industria, por cámaras de comercio, por dirigentes sindicales, por redactores y columnistas de periódicos y comentaristas de radio, por eruditos estadísticos que utilizan las técnicas más refinadas, por profesores de economía en nuestras mejores universidades. En sus diversas formas, todos ellos se extienden sobre las ventajas de la destrucción.

Aunque algunos de ellos desdeñarían decir que hay beneficios netos en pequeños actos de destrucción, ven beneficios casi infinitos en enormes actos de destrucción. Nos dicen que estamos mucho mejor económicamente en la guerra que en la paz. Ven «milagros de producción» que requiere una guerra para lograrse. Y ven un mundo de posguerra hecho ciertamente próspero por una enorme demanda «acumulada» o «respaldada». En Europa cuentan alegremente las casas, las ciudades enteras que han sido arrasadas y que «tendrán que ser reemplazadas». En América cuentan las casas que no pudieron ser construidas durante la guerra, las medias de nylon que no pudieron ser suministradas, los automóviles y neumáticos gastados, las radios y refrigeradores obsoletos. Reúnen formidables totales.

Es simplemente nuestro viejo amigo, la falacia de la ventana rota, con ropa nueva, y la grasa crecida más allá del reconocimiento. Esta vez se apoya en un montón de falacias relacionadas. Confunde *necesidad* con *demanda*. Cuanto más destruye la guerra, más se empobrece, mayor es la necesidad de la posguerra. Indudablemente. Pero la necesidad no es demanda. La demanda económica efectiva requiere no sólo la necesidad sino el correspondiente poder adquisitivo. Las necesidades de China hoy en día son incomparablemente mayores que las necesidades de América. Pero su poder adquisitivo, y por lo tanto los «nuevos negocios» que puede estimular, son incomparablemente más pequeños.

Pero si pasamos este punto, existe la posibilidad de otra falacia, y los vidriosrotistas suelen aprovecharla. Piensan en el «poder adquisitivo» simplemente en términos de dinero. Ahora el dinero puede ser estampado por la imprenta. Mientras esto se escribe, de hecho, imprimir dinero es la industria más grande del mundo —si el producto se mide en términos monetarios. Pero cuanto más dinero se produce de esta manera, más cae el valor de cualquier unidad de dinero. Esta caída del valor puede medirse en el aumento de los precios de los productos básicos. Pero como la mayoría de la gente tiene el firme hábito de pensar en su riqueza y sus ingresos en términos de dinero, se consideran mejor a medida que estos totales monetarios aumentan, a pesar de que en términos de cosas pueden tener menos y comprar menos. La mayoría de los «buenos» resultados económicos que la gente atribuye a la guerra se deben en realidad a la inflación de la guerra. Podrían ser producidos igualmente por una inflación equivalente en tiempos de paz. Volveremos a esta ilusión de dinero más tarde.

Ahora hay una verdad a medias en la falacia de la demanda «respaldada», al igual que en la falacia de la ventana rota. La ventana rota hizo más negocios para el vidriero. La destrucción de la guerra hará más negocio para los productores de ciertas cosas. La destrucción de casas y ciudades hará más negocios para las industrias de la construcción. La incapacidad de producir automóviles, radios y refrigeradores durante la guerra provocará una demanda acumulativa de posguerra *para esos productos en particular*.

Para la mayoría de la gente esto parecerá un aumento de la demanda total, como puede ser en *términos de dólares de menor poder adquisitivo*. Pero lo que realmente ocurre es una *desviación* de la demanda de estos productos en particular desde otros. La gente de Europa construirá más casas nuevas que lo contrario porque deben hacerlo. Pero cuando construyan más casas, tendrán menos mano de obra y capacidad productiva para todo lo demás. Cuando compren casas tendrán mucho menos poder adquisitivo para todo lo demás. Dondequiera que se incremente el negocio en una dirección, debe (excepto en la medida en que las energías productivas pueden ser generalmente estimuladas por un sentido de necesidad y urgencia) ser correspondientemente reducidas en otra.

La guerra, en resumen, cambiará la *dirección* del esfuerzo de la posguerra; cambiará el equilibrio de las industrias; cambiará la estructura de la industria. Y esto con el tiempo también tendrá sus consecuencias. Habrá otra distribución de la demanda cuando las necesidades acumuladas de casas y otros bienes duraderos hayan sido satisfechas. Entonces estas industrias temporalmente favorecidas tendrán que, relativamente, encogerse de nuevo, para permitir que otras industrias que satisfacen otras necesidades crezcan.

Es importante tener en cuenta, por último, que no sólo habrá una diferencia en el patrón de posguerra en comparación con la demanda de antes de la guerra. La demanda no se desviará simplemente de un producto básico a otro. En la mayoría de los países se reducirá en cantidad total.

Esto es inevitable si consideramos que la demanda y la oferta son sólo dos caras de la misma moneda. Son la misma cosa vista desde diferentes direcciones. La oferta crea la demanda porque en el fondo es la demanda. La oferta de las cosas que hacen es todo lo que la gente tiene, de hecho, para ofrecer a cambio de las cosas que quieren. En este sentido, la oferta de trigo de los agricultores constituye su demanda de automóviles y otros bienes. La oferta de coches a motor constituye la demanda de la gente en la industria del automóvil por trigo y otros bienes. Todo esto es inherente a la moderna división del trabajo y a la economía de intercambio.

Este hecho fundamental, es cierto, queda oculto para la mayoría de la gente (incluyendo algunos economistas supuestamente brillantes) a través de complicaciones tales como el pago de salarios y la forma indirecta en la que prácticamente todos los intercambios modernos se realizan a través del dinero. John Stuart Mill y otros escritores clásicos, aunque a veces no tuvieron suficientemente en cuenta las complejas consecuencias resultantes del uso del dinero, al menos vieron a través del velo monetario las realidades subyacentes. Hasta ese punto se adelantaron a muchos de sus críticos actuales, que están más aturdidos por el dinero que instruidos por él. La mera inflación —es decir, la mera emisión de más dinero, con la consecuencia de salarios y precios más altos— puede parecer la creación de más demanda. Pero en términos de la producción e intercambio de cosas reales no lo es. Sin embargo, una caída en la demanda de la posguerra puede ser ocultada a muchas personas por las ilusiones causadas por los salarios más altos de dinero que son más que compensados por los precios más altos.

La demanda de la posguerra en la mayoría de los países, para repetir, se reducirá en cantidad absoluta en comparación con la demanda anterior a la guerra porque la oferta de la posguerra se habrá reducido. Esto debería ser bastante obvio en Alemania y Japón, donde decenas de grandes ciudades fueron arrasadas. El punto, en resumen, es bastante claro cuando hacemos el argumento lo suficientemente extremo. Si Inglaterra, en lugar de ser perjudicada sólo en la medida en que lo fue por su participación en la guerra, hubiera hecho destruir todas sus grandes ciudades, todas sus fábricas y casi todo su capital acumulado y bienes de consumo, de modo que su pueblo se hubiera visto reducido al nivel económico de los chinos, pocos hablarían de la gran demanda acumulada y respaldada por la guerra. Sería obvio que el poder adquisitivo habría sido aniquilado en la misma medida que el poder productivo. Una inflación monetaria galopante, que multiplicaría por mil los precios, podría sin embargo hacer que las cifras de la «renta nacional» en términos monetarios fueran más elevadas que antes de la guerra. Pero aquellos que se engañen con esto y se imaginen más ricos que antes de la guerra estarán fuera del alcance de los argumentos racionales. Sin embargo, los mismos principios se aplican a una pequeña destrucción de guerra que a una abrumadora.

Puede haber, es cierto, factores de compensación. Los descubrimientos y avances tecnológicos durante la guerra, por ejemplo, pueden aumentar la productividad individual o nacional en este momento o en otro. Es cierto que la destrucción de la guerra desviará la demanda de la posguerra de unos canales a otros. Y un cierto número de personas pueden seguir siendo engañadas indefinidamente con respecto a su bienestar económico real por el aumento de los salarios y los precios causado por un exceso de dinero impreso. Pero la creencia de que una prosperidad genuina puede ser traída por una «demanda de reemplazo» de cosas destruidas o no hechas durante la guerra es, sin embargo, una falacia palpable.

CAPÍTULO 4

Las obras públicas implican impuestos

No hay fe más persistente e influyente en el mundo de hoy que la fe en el gasto del gobierno. En todas partes el gasto del gobierno se presenta como una panacea para todos nuestros males económicos. ¿Está la industria privada parcialmente estancada? Podemos arreglarlo todo con el gasto del gobierno. ¿Hay desempleo? Eso es obviamente debido al «insuficiente poder adquisitivo privado». El remedio es igual de obvio. Todo lo que se necesita es que el gobierno gaste lo suficiente para compensar la «deficiencia».

Una enorme literatura se basa en esta falacia y, como sucede a menudo con este tipo de doctrinas, se ha convertido en parte de una intrincada red de falacias que se apoyan mutuamente. No podemos explorar toda esa red en este punto; volveremos a otras ramas de ella más adelante. Pero podemos examinar aquí la falacia madre que ha dado a luz a esta progenie, el tallo principal de la red.

Todo lo que obtenemos, fuera de los regalos de la naturaleza, debe ser pagado de alguna manera. El mundo está lleno de supuestos economistas que a su vez están llenos de planes para obtener algo por nada. Nos dicen que el gobierno puede gastar y gastar sin gravar en absoluto; que puede seguir acumulando deudas sin pagarlas nunca, porque «nos lo debemos a nosotros mismos». Volveremos a estas extraordinarias doctrinas más adelante. Aquí me temo que tendremos que ser dogmáticos, y señalar que tales sueños agradables en el pasado siempre han sido destrozados por la insolvencia nacional o una inflación galopante. Aquí tendremos que decir simplemente que todos los gastos del gobierno deben ser pagados eventualmente con el producto de los impuestos; que posponer el día malo simplemente aumenta el problema, y que la inflación en sí misma es simplemente una forma, y una forma particularmente viciosa, de impuestos.

Habiendo dejado de lado para un examen posterior la red de falacias que se basan en el endeudamiento gubernamental crónico y la inflación, daremos por sentado a lo largo del presente capítulo que, ya sea inmediatamente o en última instancia, cada dólar de gasto gubernamental debe ser recaudado a través de un dólar de impuestos. Una vez que veamos el asunto de esta manera, los supuestos milagros del gasto gubernamental aparecerán bajo otra luz.

Una cierta cantidad de gasto público es necesaria para llevar a cabo las funciones esenciales del gobierno. Una cierta cantidad de obras públicas —de calles y carreteras y puentes y túneles, de armerías y astilleros navales, de edificios para albergar las legislaturas, la policía y los bomberos— es necesaria para suministrar los servicios públicos esenciales. Con tales obras públicas, necesarias por su propio bien, y defendidas sólo en ese terreno, no estoy aquí preocupado. Estoy aquí preocupado por las obras públicas consideradas como un medio de «proporcionar empleo» o de añadir riqueza a la comunidad que de otra manera no habría tenido.

Se construye un puente. Si se construye para satisfacer una demanda pública insistente, si resuelve un problema de tráfico o un problema de transporte de otro modo insoluble, si, en definitiva, es incluso más necesario que las cosas en las que los contribuyentes habrían gastado su dinero si no se les hubiera quitado el impuesto, no puede haber ninguna objeción. Pero un puente construido principalmente «para proporcionar empleo» es un tipo de puente diferente. Cuando proporcionar empleo se convierte en el fin, la necesidad se convierte en una consideración subordinada. Hay que *inventar* «proyectos». En lugar de pensar sólo en dónde deben construirse los puentes, los gastadores del gobierno empiezan a preguntarse dónde pueden construirse los puentes. ¿Pueden pensar en razones plausibles por las que un puente adicional debería conectar Easton y Weston? Pronto se convierte en algo absolutamente esencial. Los que dudan de la necesidad son descartados como obstruccionistas y reaccionarios.

Se presentan dos argumentos a favor del puente, uno de los cuales se escucha principalmente antes de su construcción, el otro se escucha principalmente después de su finalización. El primer argumento es que proporcionará empleo. Proporcionará, digamos, 500 puestos de trabajo durante un año. La implicación es que estos son trabajos que de otra manera no habrían existido.

Esto es lo que se ve inmediatamente. Pero si nos hemos entrenado para mirar más allá de las consecuencias inmediatas a las secundarias, y más allá de los que se benefician directamente de un proyecto gubernamental a otros que se ven afectados indirectamente, se presenta un cuadro diferente. Es cierto que un grupo particular de trabajadores de puente puede recibir más empleo que de otra manera. Pero el puente tiene que ser pagado con los impuestos. Por cada dólar que se gaste en el puente, se quitará un dólar a los contribuyentes. Si el puente cuesta 1.000.000 de dólares, los contribuyentes perderán 1.000.000 de dólares. Se les quitará esa cantidad que de otra forma habrían gastado en las cosas que más necesitaban.

Por lo tanto, por cada puesto de trabajo público creado por el proyecto del puente, un puesto de trabajo privado ha sido destruido en otro lugar. Podemos ver a los hombres empleados en el puente. Podemos verlos trabajar. El argumento del empleo de los gastadores del gobierno se vuelve vívido, y probablemente para la mayoría de la gente convincente. Pero hay otras cosas que no vemos, porque, por desgracia, nunca se ha permitido que existan. Son los empleos destruidos por los 1.000.000 de dólares que se les quitaron a los contribuyentes. Todo lo que ha sucedido, en el mejor de los casos, es que ha habido una *desviación* de los puestos de trabajo debido al proyecto. Más constructores de puentes; menos trabajadores de automóviles, técnicos de radio, trabajadores de la confección, agricultores.

Pero luego llegamos al segundo argumento. El puente existe. Es, supongamos, un puente hermoso y no feo. Se ha creado por la magia del gasto público. ¿Dónde estaría si los obstruccionistas y los reaccionarios se hubieran salido con la suya? No habría habido ningún puente. El país habría sido mucho más pobre.

Aquí también los gastadores del gobierno tienen el mejor de los argumentos con todos aquellos que no pueden ver más allá del alcance inmediato de sus ojos físicos. Pueden ver el puente. Pero si se han enseñado a sí mismos a buscar consecuencias directas e indirectas, pueden ver una vez más en el ojo de la imaginación las posibilidades que nunca se ha permitido que existan. Pueden ver las casas sin construir, los coches y radios sin hacer, los vestidos y abrigos sin hacer, tal vez los alimentos sin vender y sin cultivar. Ver estas cosas no creadas requiere un tipo de imaginación que no mucha gente tiene. Podemos pensar en estos objetos inexistentes una vez, quizás, pero no podemos tenerlos delante de nuestras mentes cómo podemos hacerlo con el puente que pasamos cada día de trabajo. Lo que ha sucedido es simplemente que una cosa ha sido creada en lugar de otras.

El mismo razonamiento se aplica, por supuesto, a cualquier otra forma de trabajo público. Se aplica igualmente, por ejemplo, a la construcción con fondos públicos de viviendas para personas de bajos ingresos. Lo único que ocurre es que se retira dinero mediante impuestos a las familias de mayores ingresos (y tal vez un poco a las familias de ingresos aún más bajos) para obligarlas a subvencionar a esas familias seleccionadas de bajos ingresos y permitirles vivir en una vivienda mejor por el mismo alquiler o por un alquiler más bajo que antes.

No pretendo entrar aquí en todos los pros y contras de la vivienda pública. Sólo me preocupa señalar el error en dos de los argumentos más frecuentes a favor de la vivienda pública. Uno es el argumento de que «crea empleo»; el otro es que crea riqueza que de otra manera no se habría producido. Ambos argumentos son falsos, porque pasan por alto lo que se pierde a través de los impuestos. Los impuestos para la vivienda pública destruyen tantos empleos en otras líneas como los que crea en la vivienda. También resulta en casas privadas sin construir, en lavadoras y refrigeradores sin hacer, y en la falta de otros innumerables productos y servicios.

Y nada de esto se responde con el tipo de respuesta que señala, por ejemplo, que la vivienda pública no tiene que ser financiada por una asignación de capital a tanto alzado, sino simplemente por subvenciones de alquiler anual. Esto significa simplemente que el costo se reparte a lo largo de muchos años en lugar de concentrarse en uno solo. También significa que lo que se toma de los contribuyentes se reparte a lo largo de muchos años en lugar de concentrarse en uno solo. Tales tecnicismos son irrelevantes para el punto principal.

La gran ventaja psicológica de los defensores de la vivienda pública es que se ve a los hombres trabajando en las casas cuando están subiendo, y las casas se ven cuando están terminadas. La gente vive en ellas, y orgullosamente muestra a sus amigos a través de las habitaciones. No se ven los trabajos destruidos por los impuestos de la vivienda, ni los bienes y servicios que nunca se hicieron. Se necesita un esfuerzo concentrado de pensamiento, y un nuevo esfuerzo cada vez que se ven las casas y la gente feliz en ellas, para pensar en la riqueza que no fue creada en su lugar. ¿Es sorprendente que los campeones de la vivienda pública desestimen esto, si se les llama la atención, como un mundo de imaginación, como las objeciones de la teoría pura, mientras señalan la vivienda pública que existe? Como un personaje de *Saint Joan* de Bernard Shaw responde cuando se le habla de la teoría de Pitágoras de que la tierra es redonda y gira alrededor del sol: «¡Qué tonto! ¿No podía usar sus ojos?».

Debemos aplicar el mismo razonamiento, una vez más, a grandes proyectos como la Autoridad del Valle de Tennessee. Aquí, debido al tamaño, el peligro de la ilusión óptica es mayor que nunca. Aquí hay una poderosa presa, un estupendo arco de acero y hormigón, «más grande que todo lo que el capital privado podría haber construido», el fetiche de los fotógrafos, el cielo de los socialistas, el símbolo más utilizado de los milagros de la construcción, la propiedad y la operación pública. Aquí están los poderosos generadores y las centrales eléctricas. Aquí hay toda una región elevada a un nivel económico superior, atrayendo fábricas e industrias que de otra manera no podrían haber existido. Y todo se presenta, en el panegírico de sus partidarios, como una ganancia económica neta sin compensaciones.

No necesitamos entrar aquí en los méritos de la TVA o proyectos públicos como este. Pero esta vez necesitamos un esfuerzo especial de la imaginación, que poca gente parece capaz de hacer, para mirar el lado deudor del libro de cuentas. Si los impuestos se toman de personas y corporaciones, y se gastan en una sección particular del país, ¿por qué debería causar sorpresa, por qué debería considerarse un milagro, si esa sección se vuelve comparativamente más rica? Otras secciones del país, debemos recordar, son entonces comparativamente más pobres. La cosa tan grande que «el capital privado no podría haberla construido» ha sido de hecho construida por el capital privado — el capital que fue expropiado en los impuestos (o, si el dinero fue prestado, que eventualmente debe ser expropiado en los impuestos). Nuevamente debemos hacer un esfuerzo de imaginación para ver las centrales eléctricas privadas, las casas particulares, las máquinas de escribir y las radios que nunca se permitió que existieran debido al dinero que se tomó de la gente de todo el país para construir la fotogénica Presa Norris.

He escogido deliberadamente los ejemplos más favorables de

planes de gasto público —es decir, aquellos que son más frecuentemente y fervientemente instados por los gastadores del gobierno y más apreciados por el público. No he hablado de los cientos de proyectos de despilfarro que se emprenden invariablemente en el momento en que el objetivo principal es «dar trabajo» y «poner a la gente a trabajar». Porque entonces la utilidad del proyecto en sí, como hemos visto, se convierte inevitablemente en una consideración subordinada. Además, cuanto más derrochador sea el trabajo, más costoso en mano de obra, mejor será para proporcionar más empleo. En tales circunstancias es muy improbable que los proyectos ideados por los burócratas proporcionen la misma adición neta de riqueza y bienestar, por cada dólar gastado, que la que habrían proporcionado los propios contribuyentes, si se les hubiera permitido individualmente comprar o haber hecho lo que ellos mismos querían, en lugar de verse obligados a entregar parte de sus ganancias al Estado.

CAPÍTULO 5

Los impuestos desalientan la producción

Hay otro factor más que hace improbable que la riqueza creada por el gasto del gobierno compense completamente la riqueza destruida por los impuestos para pagar ese gasto. No es una simple cuestión, como se supone a menudo, de sacar algo del bolsillo derecho de la nación para ponerlo en su bolsillo izquierdo. Los gastadores del gobierno nos dicen, por ejemplo, que si la renta nacional es de 200.000.000.000 de dólares (siempre son generosos en fijar esta cifra) entonces los impuestos del gobierno de 50.000.000.000 de dólares al año significarían que sólo el 25 por ciento de la renta nacional se transfiere de fines privados a fines públicos. Esto es hablar como si el país fuera el mismo tipo de unidad de recursos mancomunados que una gran corporación, y como si todo lo que estuviera involucrado fuera una mera transacción contable. Los gastadores del gobierno olvidan que están tomando el dinero de A para pagárselo a B. O mejor dicho, lo saben muy bien; pero mientras se dilatan en todos los beneficios del proceso a B, y en todas las cosas maravillosas que tendrá y que no hubiera tenido si el dinero no le hubiera sido transferido, se olvidan de los efectos de la transacción sobre A. Se ve a B; se olvida a A.

En nuestro mundo moderno nunca hay el mismo porcentaje de impuesto sobre la renta que se cobra a todo el mundo. La gran carga de los impuestos sobre la renta se impone sobre un porcentaje menor de los ingresos de la nación; y estos impuestos sobre la renta tienen que ser complementados por impuestos de otro tipo. Estos impuestos afectan inevitablemente a las acciones e incentivos de aquellos a quienes se les quita. Cuando una corporación pierde 100 centavos de cada dólar que pierde, y se le permite quedarse sólo con 60 centavos de cada dólar que gana, y cuando no puede compensar sus años de pérdidas con sus años de ganancias, o no puede hacerlo adecuadamente, sus políticas se ven afectadas. No amplía sus operaciones, o amplía sólo las atendidas con un mínimo de riesgo. Las personas que reconocen esta situación se ven disuadidas de iniciar nuevas empresas. Así, los antiguos empleadores no dan más empleo, o no tanto como podrían haberlo hecho; y otros deciden no convertirse en empleadores en absoluto. La maquinaria mejorada y las fábricas mejor equipadas llegan a existir mucho más lentamente de lo que lo harían de otra manera. El resultado a largo plazo es que se impide a los consumidores obtener productos mejores y más baratos, y que los salarios reales se mantienen bajos.

Hay un efecto similar cuando las rentas personales se gravan al 50, 60, 75 y 90 por ciento. La gente comienza a preguntarse por qué deben trabajar seis, ocho o diez meses de todo el año para el gobierno, y sólo seis, cuatro o dos meses para ellos y sus familias. Si pierden todo el dólar cuando pierden, pero sólo pueden conservar un centavo cuando ganan, deciden que es una tontería arriesgarse con su capital. Además, el capital disponible para tomar riesgos se reduce enormemente. Está siendo gravado antes de que pueda ser acumulado. En resumen, primero se impide que el capital para proporcionar nuevos puestos de trabajo privados llegue a existir, y luego se desalienta a la parte que sí llega a existir para que inicie nuevas empresas. Los gastadores del gobierno crean el mismo problema de desempleo que dicen resolver.

Una cierta cantidad de impuestos es, por supuesto, indispensable para llevar a cabo las funciones esenciales del gobierno. Los impuestos razonables para este propósito no tienen por qué perjudicar mucho a la producción. El tipo de servicios gubernamentales suministrados a cambio, que entre otras cosas salvaguardan la producción misma, compensan con creces esto. Pero cuanto mayor es el porcentaje de la renta nacional que se toma por los impuestos, mayor es el disuasivo para la producción privada y el empleo. Cuando la carga fiscal total crece más allá de un tamaño soportable, el problema de concebir impuestos que no desalienten y perturben la producción se vuelve insoluble.

CAPÍTULO 6

El crédito desvía la producción

El «aliento» del gobierno a los negocios es a veces tan temible como la hostilidad del gobierno. Este supuesto estímulo a menudo toma la forma de una concesión directa de crédito gubernamental o una garantía de préstamos privados.

La cuestión del crédito gubernamental puede ser a menudo complicada, porque implica la posibilidad de inflación. Aplazaremos el análisis de los efectos de la inflación de diversos tipos hasta un capítulo posterior. Aquí, por simplicidad, asumiremos que el crédito que estamos discutiendo no es inflacionario. La inflación, como veremos más adelante, aunque complica el análisis, no cambia en el fondo las consecuencias de las políticas discutidas.

La propuesta más frecuente de este tipo en el Congreso es la de dar más crédito a los agricultores. A los ojos de la mayoría de los congresistas los agricultores simplemente no pueden obtener suficiente crédito. El crédito suministrado por las compañías hipotecarias privadas, compañías de seguros o bancos del país nunca es «adecuado». El Congreso siempre está encontrando nuevos vacíos que no son llenados por las instituciones de crédito existentes, no importa cuántas de éstas haya ya creado. Los agricultores pueden tener suficiente crédito a largo plazo o suficiente crédito a corto plazo, pero resulta que no tienen suficiente crédito «intermedio»; o el tipo de interés es demasiado alto; o la queja es que los préstamos privados sólo se conceden a agricultores ricos y bien establecidos. Así pues, las nuevas instituciones de préstamo y los nuevos tipos de préstamos agrícolas son amontonados unos sobre otros por la legislatura.

La fe en todas estas políticas, se encontrará, surge de dos actos de miopía. Uno es mirar el asunto sólo desde el punto de vista de los agricultores que piden prestado. El otro es pensar sólo en la primera mitad de la transacción.

Ahora todos los préstamos, a los ojos de los prestatarios honestos, deben ser eventualmente pagados. Todo crédito es una deuda. Por lo tanto, las propuestas para un mayor volumen de crédito, son simplemente otro nombre para las propuestas de una mayor carga de la deuda. Parecerían mucho menos atractivas si se las llamara habitualmente por el segundo nombre en vez del primero.

No necesitamos discutir aquí los préstamos normales que se hacen a los agricultores a través de fuentes privadas. Consisten en hipotecas; en créditos a plazos para la compra de automóviles, refrigeradores, radios, tractores y otra maquinaria agrícola, y en préstamos bancarios para llevar al agricultor hasta que pueda cosechar y comercializar su cosecha y recibir el pago correspondiente. En este caso sólo debemos preocuparnos de los préstamos a los agricultores, ya sea hechos directamente por alguna oficina del gobierno o garantizados por ella.

Estos préstamos son de dos tipos principales. Uno es un préstamo para permitir al agricultor mantener su cosecha fuera del mercado. Este es un tipo especialmente dañino; pero será más conveniente considerarlo más adelante cuando lleguemos a la cuestión de los controles gubernamentales de productos básicos. El otro es un préstamo para proporcionar capital — a menudo para poner al agricultor en el negocio permitiéndole comprar la propia granja, o una mula o un tractor, o las tres cosas.

A primera vista, el caso de este tipo de préstamo puede parecer fuerte. Aquí hay una familia pobre, se dirá, sin medios de vida. Es cruel y un desperdicio ponerlos en un alivio. Comprar una granja para ellos; establecer un negocio; hacer de ellos ciudadanos productivos y que se respeten a sí mismos; dejar que añadan al producto nacional total y paguen el préstamo con lo que producen. O aquí está un granjero luchando con métodos primitivos de producción porque no tiene el capital para comprarse un tractor. Préstele el dinero para uno; déjele aumentar su productividad; puede pagar el préstamo con el producto de sus cosechas aumentadas. De esta manera no sólo lo enriqueces y lo pones en pie; enriqueces a toda la comunidad con esa producción añadida. Y el préstamo, concluye el argumento, cuesta al gobierno y a los contribuyentes menos que nada, porque es «autolimitante».

De hecho, esto es lo que sucede todos los días bajo la institución del crédito privado. Si un hombre desea comprar una granja, y tiene, digamos, sólo la mitad o un tercio del dinero que cuesta la granja, un vecino o una caja de ahorros le prestará el resto en forma de una hipoteca sobre la granja. Si desea comprar un tractor, la propia compañía de tractores o una compañía financiera le permitirá comprarlo por un tercio del precio de compra, y el resto se pagará a plazos con las ganancias que el tractor mismo ayude a proporcionar.

Pero hay una diferencia decisiva entre los préstamos suministrados por prestamistas privados y los suministrados por una agencia gubernamental. Cada prestamista privado arriesga sus propios fondos. (Es cierto que un banquero arriesga los fondos de otros que le han sido confiados; pero si se pierde dinero, debe compensar sus propios fondos o ser forzado a dejar el negocio). Cuando las personas arriesgan sus propios fondos suelen ser cuidadosas en sus investigaciones para determinar la idoneidad de los activos comprometidos y la perspicacia comercial y la honestidad del prestatario.

Si el gobierno operara con las mismas normas estrictas, no habría ningún buen argumento para que entrara en el campo. ¿Por qué hacer precisamente lo que ya hacen las agencias privadas? Pero el gobierno casi siempre opera con normas diferentes. El argumento para entrar en el negocio de los préstamos, de hecho, es que hará préstamos a personas que no podrían obtenerlos de prestamistas privados. Esta es sólo otra forma de decir que los prestamistas del gobierno tomarán riesgos con el dinero de otras personas (el de los contribuyentes) que los prestamistas privados no tomarán con su propio dinero. A veces, de hecho, los apologistas reconocerán libremente que el porcentaje de pérdidas será mayor en estos préstamos del gobierno que en los privados. Pero sostienen que esto se compensará con creces por la producción adicional que aportarán los prestatarios que pagan, e incluso la mayoría de los prestatarios que no pagan.

Este argumento parecerá plausible sólo mientras concentremos nuestra atención en los prestatarios particulares a los que el gobierno suministra fondos, y pasemos por alto a las personas a las que su plan priva de fondos. Porque lo que realmente se presta no es dinero, que es meramente el medio de intercambio, sino capital. (Ya he advertido al lector que pospondremos para más adelante las complicaciones introducidas por una expansión inflacionaria del crédito). Lo que realmente se presta, digamos, es la granja o el tractor mismo. Ahora bien, el número de granjas existentes es limitado, al igual que la producción de tractores (suponiendo, sobre todo, que un excedente económico de tractores no se produzca simplemente a expensas de otras cosas). La granja o el tractor que se presta a A no puede prestarse a B. La verdadera cuestión es, por lo tanto, si A o B obtendrá la granja.

Esto nos lleva a los respectivos méritos de A y B, y a lo que cada uno contribuye, o es capaz de contribuir, a la producción. A, digamos, es el hombre que obtendría la granja si el gobierno no interviene. El banquero local o sus vecinos lo conocen y conocen su historial. Quieren encontrar un empleo para sus fondos. Saben que es un buen granjero y un hombre honesto que cumple su palabra. Lo consideran un buen riesgo. Ya ha acumulado, quizás, a través de la industria, la frugalidad y la previsión, suficiente dinero para pagar una cuarta parte del precio de la granja. Le prestan las otras tres cuartas partes y se queda con la granja.

Hay una extraña idea en el extranjero, sostenida por todas las manías monetarias, de que el crédito es algo que un banquero le da a un hombre. El crédito, por el contrario, es algo que un hombre ya tiene. Lo tiene, tal vez, porque ya tiene activos comercializables de mayor valor en efectivo que el préstamo que está pidiendo. O lo tiene porque su carácter y su historial se lo han ganado. Lo lleva al banco con él. Por eso el banquero le hace el préstamo. El banquero no da algo a cambio de nada. Se siente seguro de que lo pagará. Simplemente está cambiando una forma más líquida de activo o crédito por una forma menos líquida. A veces comete un error, y entonces no es sólo el banquero quien sufre, sino toda la comunidad; ya que los valores que se suponía que debían ser producidos por el prestamista no se producen y los recursos se desperdician.

Ahora es a A, digamos, que tiene crédito, que el banquero haría su préstamo. Pero el gobierno se mete en el negocio de los préstamos en un estado de ánimo caritativo porque, como vimos, le preocupa que B. B no pueda conseguir una hipoteca u otros préstamos de prestamistas privados porque no tiene crédito con ellos. No tiene ahorros; no tiene un historial impresionante como buen agricultor; tal vez esté en este momento en un momento de alivio. ¿Por qué no, dicen los defensores del crédito gubernamental, convertirlo en un miembro útil y productivo de la sociedad prestándole lo suficiente para una granja y una mula o un tractor y poniéndolo a trabajar?.

Tal vez en un caso individual pueda funcionar bien. Pero es obvio que en general las personas seleccionadas por estos estándares gubernamentales serán de menor riesgo que las personas seleccionadas por estándares privados. Se perderá más dinero por los préstamos que se les concedan. Habrá un porcentaje mucho más alto de fracasos entre ellos. Serán menos eficientes. Más recursos serán desperdiciados por ellos. Sin embargo, los beneficiarios del crédito del gobierno obtendrán sus granjas y tractores a expensas de lo que de otra manera hubieran sido los beneficiarios del crédito privado. Debido a que B tiene una granja, A se verá privado de una granja. A puede ser exprimido ya sea porque las tasas de interés han subido como resultado de las operaciones del gobierno, o porque los precios de las granjas han subido como resultado de ellas, o porque no hay otra granja en su vecindario. En cualquier caso, el resultado neto del crédito del gobierno no ha sido aumentar la cantidad de riqueza producida por la comunidad, sino reducirla, porque el capital real disponible (que consiste en granjas reales, tractores, etc.) se ha puesto en manos de los prestatarios menos eficientes en lugar de en manos de los más eficientes y confiables.

El caso se vuelve aún más claro si pasamos de la agricultura a otras formas de negocio. A menudo se propone que el gobierno asuma los riesgos que son «demasiado grandes para la industria privada». Esto significa que a los burócratas se les debería permitir asumir riesgos con el dinero de los contribuyentes que nadie está dispuesto a tomar con el suyo propio.

Tal política conduciría a males de muy diversa índole. Llevaría al favoritismo: a hacer préstamos a amigos, o a cambio de sobornos. Inevitablemente conduciría a escándalos. Llevaría a recriminaciones cuando el dinero de los contribuyentes se tirara en empresas que fracasaran. Aumentaría la demanda de socialismo: porque, se preguntaría, si el gobierno va a asumir los riesgos, ¿por qué no debería también obtener los beneficios? ¿Qué justificación podría haber, de hecho, para pedir a los contribuyentes que asuman los riesgos mientras se permite a los capitalistas privados quedarse con los beneficios? (Esto es precisamente, sin embargo, como veremos más adelante, lo que ya hacemos en el caso de los préstamos gubernamentales «sin recurso» a los agricultores).

Pero pasaremos por alto todos estos males por el momento, y nos concentraremos en una sola consecuencia de los préstamos de este tipo. Esta es que desperdiciarán el capital y reducirán la producción. Tirarán el capital disponible en proyectos malos o, en el mejor de los casos, dudosos. Lo arrojarán a las manos de personas menos competentes o menos confiables que las que de otra manera lo hubieran conseguido. La cantidad de capital real en cualquier momento (a diferencia de las fichas monetarias que se gastan en una imprenta) es limitada. Lo que se pone en manos de B no puede ser puesto en manos de A.

La gente quiere invertir su propio capital. Pero son cautelosos. Quieren recuperarlo. La mayoría de los prestamistas, por lo tanto, investigan cualquier propuesta cuidadosamente antes de arriesgar su propio dinero en ella. Sopesan la perspectiva de ganancias contra las posibilidades de pérdidas. A veces pueden cometer errores. Pero por varias razones es probable que cometan menos errores que los prestamistas del gobierno. En primer lugar, el dinero es suyo o se les ha confiado voluntariamente. En el caso de que el gobierno preste el dinero es de otras personas, y les ha sido quitado, independientemente de su deseo personal, en impuestos. El dinero privado se invertirá sólo cuando se espera definitivamente su devolución con intereses o beneficios. Esto es una señal de que se espera que las personas a las que se ha prestado el dinero produzcan cosas para el mercado que la gente realmente quiere. Por otra parte, es probable que el dinero del gobierno se preste para algún propósito general vago como «crear empleo»; y cuanto más ineficiente sea el trabajo —es decir, cuanto mayor sea el volumen de empleo que requiera en relación con el valor del producto— es probable que se piense más en la inversión.

Los prestamistas privados, además, son seleccionados por una cruel prueba de mercado. Si cometen errores graves, pierden su dinero y no tienen más dinero para prestar. Sólo si han tenido éxito en el pasado tienen más dinero para prestar en el futuro. Así, los prestamistas privados (excepto la relativamente pequeña proporción que ha obtenido sus fondos a través de la herencia) son rígidamente seleccionados por un proceso de supervivencia del más apto. Los prestamistas gubernamentales, por otra parte, son los que han aprobado los exámenes de la administración pública y saben cómo responder hipotéticamente a las preguntas hipotéticas, o son los que pueden dar las razones más plausibles para hacer préstamos y las explicaciones más plausibles de por qué no fue su culpa que los préstamos fracasaran. Pero el resultado neto sigue siendo: los préstamos privados utilizarán los recursos y el capital existentes mucho mejor que los préstamos del gobierno. Los préstamos del gobierno desperdiciarán mucho más capital y recursos que los préstamos privados. Los préstamos gubernamentales, en resumen, comparados con los privados, reducirán la producción, no la aumentarán.

La propuesta de préstamos del gobierno a particulares o proyectos, en resumen, ve a B y olvida a A. Ve a las personas en cuyas manos se pone el capital; olvida a quienes de otro modo lo habrían tenido. Ve el proyecto al que se concede el capital; olvida los proyectos a los que se les retiene el capital. Ve el beneficio inmediato para un grupo; pasa por alto las pérdidas para otros grupos, y la pérdida neta para la comunidad en su conjunto.

Es una ilustración más de la falacia de ver sólo un interés especial a corto plazo y olvidar el interés general a largo plazo.

Comentamos al principio de este capítulo que la «ayuda» del gobierno a las empresas es a veces tan temible como la hostilidad del gobierno. Esto se aplica tanto a los subsidios del gobierno como a los préstamos del gobierno. El gobierno nunca presta o da nada a las empresas que no les quite. A menudo se oye a los New Dealers y otras estadísticas presumir de la forma en que el gobierno «empató los negocios» con la Corporación

Financiera de Reconstrucción, la Corporación de Préstamos a los Propietarios de Viviendas y otras agencias gubernamentales en 1932 y más tarde. Pero el gobierno no puede dar ninguna ayuda financiera a los negocios que no tome primero o finalmente de los negocios. Todos los fondos del gobierno provienen de los impuestos. Incluso el tan cacareado «crédito del gobierno» se basa en la suposición de que sus préstamos serán finalmente pagados con los ingresos de los impuestos. Cuando el gobierno hace préstamos o subsidios a las empresas, lo que hace es gravar a las empresas privadas exitosas para apoyar a las que no lo son. Bajo ciertas circunstancias de emergencia puede haber un argumento plausible para esto, cuyos méritos no necesitamos examinar aquí. Pero a largo plazo no suena como una propuesta de pago desde el punto de vista del país en su conjunto. Y la experiencia ha demostrado que no lo es.

CAPÍTULO 7

La maldición de la maquinaria

Entre los engaños económicos más viables está la creencia de que las máquinas en equilibrio neto crean desempleo. Destruida mil veces, ha resurgido mil veces de sus propias cenizas tan fuerte y vigorosa como siempre. Siempre que hay un desempleo masivo prolongado, las máquinas tienen la culpa de nuevo. Esta falacia sigue siendo la base de muchas prácticas sindicales. El público tolera estas prácticas porque cree en el fondo que los sindicatos tienen razón, o está demasiado confundido para ver por qué se equivocan.

La creencia de que las máquinas causan desempleo, cuando se sostiene con alguna consistencia lógica, lleva a conclusiones absurdas. No sólo debemos estar causando desempleo con cada mejora tecnológica que hacemos hoy en día, sino que el hombre primitivo debe haber empezado a causarlo con los primeros esfuerzos que hizo para salvarse del trabajo y el sudor innecesarios.

Para no retroceder más, veamos la obra de Adam Smith *La riqueza de las naciones*, publicada en 1776. El primer capítulo de este notable libro se llama «De la división del trabajo», y en la segunda página de este primer capítulo el autor nos dice que un obrero no familiarizado con el uso de la maquinaria empleada en la fabricación de alfileres «podría escasamente hacer un alfiler al día, y ciertamente no podría hacer veinte», pero que con el uso de esta maquinaria puede hacer 4.800 alfileres al día. Así que ya en los tiempos de Adam Smith, la maquinaria había dejado sin trabajo a entre 240 y 4.800 fabricantes de alfileres por cada uno de ellos. En la industria de fabricación de alfileres ya había, si las máquinas simplemente echan a los hombres del trabajo, un 99,98 por ciento de desempleo. ¿Podrían las cosas ser más negras?

Las cosas podrían ser más negras, ya que la Revolución Industrial estaba en su infancia. Veamos algunos de los incidentes y aspectos de esa revolución. Veamos, por ejemplo, lo que ocurrió en la industria de las medias. Los nuevos marcos de las medias, a medida que se introducían, eran destruidos por los trabajadores artesanos (más de 1.000 en un solo disturbio), las casas eran quemadas, los inventores eran amenazados y obligados a volar para salvar sus vidas, y el orden no se restauraba finalmente hasta que los militares habían sido llamados y los principales alborotadores habían sido transportados o colgados.

Ahora es importante tener en cuenta que en la medida en que los alborotadores pensaban en su propio futuro inmediato o incluso más largo, su oposición a la máquina era racional. Porque William Felkin, en su *History of the Machine-Wrought Hosiery Manufactures* (1867), nos dice que la mayor parte de los 50.000 tejedores de medias ingleses y sus familias no salieron del todo del hambre y la miseria que supuso la introducción de la máquina durante los siguientes cuarenta años. Pero en la medida en que los alborotadores creyeron, como la mayoría de ellos sin duda lo hizo, que la máquina estaba desplazando permanentemente a los hombres, se equivocaron, ya que antes de finales del siglo XIX la industria de las medias empleaba al menos 100 hombres por cada hombre que empleaba a principios de siglo.

Arkwright inventó su maquinaria de hilado de algodón en 1760. En esa época se estimaba que había en Inglaterra 5.200 hilanderos que usaban ruecas y 2.700 tejedores —en total 7.900 personas dedicadas a la producción de textiles de algodón. La introducción del invento de Arkwright fue objeto de oposición porque amenazaba el sustento de los trabajadores, y la oposición tuvo que ser sofocada por la fuerza. Sin embargo, en 1787 — 27 años después de la aparición del invento— una investigación parlamentaria demostró que el número de personas que realmente se dedicaban al hilado y tejido de algodón había aumentado de 7.900 a 320.000, un incremento del 4.400%.

Si el lector consultará un libro como *Recent Economic Changes*, de David A. Wells, publicado en 1889, encontrará pasajes que, excepto por las fechas y cantidades absolutas involucradas, podrían haber sido escritos por nuestros tecnófobos (si me permiten acuñar una palabra necesaria) de hoy. Permítanme citar algunos:

> Durante los diez años que van de 1870 a 1880, inclusive, la marina mercante británica incrementó su movimiento, sólo en materia de entradas y autorizaciones extranjeras, hasta alcanzar las 22.000.000 de toneladas. ...Sin embargo, el número de hombres empleados para llevar a cabo este gran movimiento había disminuido en 1880, en comparación con 1870, hasta unos tres mil (2.990 exactamente). ¿Qué fue lo que hizo? La introducción de máquinas elevadoras de vapor y elevadores de grano en los muelles y muelles, el empleo de la energía de vapor, etc....

> En 1873 el acero Bessemer en Inglaterra, donde su precio no había sido incrementado por los derechos de protección, alcanzó los 80 dólares por tonelada; en 1886 se fabricó de manera rentable y se vendió en el mismo país por menos de 20 dólares por tonelada. Al mismo tiempo, la capacidad de producción anual de un convertidor Bessemer se ha cuadruplicado, sin que haya habido un aumento, sino más bien una disminución de la mano de obra involucrada....

> La capacidad de potencia que ya ejercían las máquinas de

vapor del mundo en existencia y funcionando en el año 1887 ha sido estimada por la Oficina de Estadísticas de Berlín como equivalente a la de 200.000.000 de caballos, lo que representa aproximadamente 1.000.000.000 de hombres; o al menos tres veces la población activa de la tierra.

Se podría pensar que esta última cifra habría hecho que el Sr. Wells se detuviera y se preguntara por qué quedaba algún empleo en el mundo de 1889; pero él se limitó a concluir, con un pesimismo moderado, que «en tales circunstancias la sobreproducción industrial... puede llegar a ser crónica».

En la depresión de 1932, el juego de culpar del desempleo a las máquinas comenzó de nuevo. En pocos meses las doctrinas de un grupo que se autodenominaba los tecnócratas se habían extendido por el país como un incendio forestal. No cansaré al lector con un recital de las figuras fantásticas propuestas por este grupo o con correcciones para mostrar cuáles eran los hechos reales. Basta decir que los tecnócratas volvieron al error en toda su pureza nativa de que las máquinas desplazan permanentemente a los hombres, excepto que, en su ignorancia, presentaron este error como un nuevo y revolucionario descubrimiento propio. Era simplemente una ilustración más del aforismo de Santayana que aquellos que no pueden recordar el pasado están condenados a repetirlo.

Los tecnócratas fueron finalmente eliminados de la existencia; pero su doctrina, que los precedió, perdura. Se refleja en cientos de reglas de fabricación y prácticas de cama de plumas por parte de los sindicatos; y estas reglas y prácticas son toleradas e incluso aprobadas debido a la confusión en este punto en la mente del público.

Al declarar en nombre del Departamento de Justicia de los Estados Unidos ante el Comité Económico Nacional Temporal (más conocido como el TNEC) en marzo de 1941, Corwin

Edwards citó innumerables ejemplos de tales prácticas. El sindicato de electricistas de la ciudad de Nueva York fue acusado de negarse a instalar equipo eléctrico fabricado fuera del Estado de Nueva York a menos que dicho equipo fuera desmontado y vuelto a montar en el lugar de trabajo. En Houston (Texas), los maestros fontaneros y el sindicato de fontaneros acordaron que las tuberías prefabricadas para su instalación serían instaladas por el sindicato sólo si se cortaba la rosca de un extremo de la tubería y se cortaba una nueva rosca en el lugar de trabajo. Varios miembros locales del sindicato de pintores impusieron restricciones al uso de pistolas pulverizadoras, restricciones que en muchos casos tenían por objeto simplemente hacer el trabajo exigiendo el proceso más lento de aplicar la pintura con una brocha. Un local del sindicato de camioneros exigía que todo camión que entrara en el área metropolitana de Nueva York tuviera un conductor local además del conductor ya empleado. En varias ciudades, el sindicato de electricistas exigía que si se iba a utilizar alguna luz o energía temporal en un trabajo de construcción, debía haber un electricista de mantenimiento a tiempo completo, al que no se le debía permitir hacer ningún trabajo de construcción eléctrico. Esta regla, según el Sr. Edwards, «a menudo implica la contratación de un hombre que se pasa el día leyendo o jugando al solitario y no hace nada excepto pulsar un interruptor al principio y al final del día».

Uno podría seguir citando tales prácticas de fabricación en muchos otros campos. En la industria ferroviaria, los sindicatos insisten en que los bomberos sean empleados en tipos de locomotoras que no los necesitan. En los teatros, los sindicatos insisten en el uso de los cambios de escena incluso en las obras en las que no se utiliza ningún escenario. El sindicato de músicos exige que se empleen los llamados músicos «suplentes» o incluso orquestas enteras en muchos casos en los que sólo se necesitan registros fonográficos.

Uno podría apilar montañas de figuras para mostrar cuán

equivocados estaban los tecnófobos del pasado. Pero no serviría de nada a menos que entendiéramos claramente *por qué* estaban equivocados. Porque las estadísticas y la historia son inútiles en economía a menos que estén acompañadas de una comprensión *deductiva* básica de los hechos —lo que significa en este caso una comprensión de por qué tuvieron que ocurrir las consecuencias pasadas de la introducción de maquinaria y otros dispositivos de ahorro de mano de obra. De lo contrario, los tecnófobos afirmarán (como de hecho afirman cuando les señalas que las profecías de sus predecesores resultaron ser absurdas): «Eso puede haber estado muy bien en el pasado; pero hoy las condiciones son fundamentalmente diferentes; y ahora simplemente no podemos permitirnos desarrollar más maquinaria que ahorre trabajo». La Sra. Eleanor Roosevelt, de hecho, en una columna de periódico sindicado del 19 de septiembre de 1945, escribió: «Hemos llegado a un punto en el que los dispositivos de ahorro de mano de obra son buenos sólo cuando no echan al trabajador de su trabajo».

Si fuera cierto que la introducción de maquinaria que ahorra trabajo es una causa del constante aumento del desempleo y de la miseria, las conclusiones lógicas que se obtendrían serían revolucionarias, no sólo en el campo técnico sino para todo nuestro concepto de civilización. No sólo debemos considerar todos los progresos técnicos futuros como una calamidad, sino que debemos considerar todos los progresos técnicos pasados con igual horror. Cada día, cada uno de nosotros, en su propia capacidad, se dedica a tratar de reducir el esfuerzo que requiere para lograr un resultado determinado.

Cada uno de nosotros trata de ahorrar su propio trabajo, de economizar los medios necesarios para lograr sus fines. Cada empleador, tanto pequeño como grande, busca constantemente obtener sus resultados de manera más económica y eficiente, es decir, ahorrando mano de obra. Cada trabajador inteligente trata de reducir el esfuerzo necesario para cumplir con su trabajo asignado. Los más ambiciosos tratan incansablemente de aumentar los resultados que pueden lograr en un número determinado de horas. Los tecnófobos, si fueran lógicos y consistentes, tendrían que descartar todo este progreso e ingenio como no sólo inútil sino vicioso. ¿Por qué habría que transportar las mercancías de Nueva York a Chicago por ferrocarril cuando podríamos emplear enormemente más hombres, por ejemplo, para llevar todo sobre sus espaldas?.

Teorías tan falsas como esta nunca se sostienen con una consistencia lógica, pero hacen un gran daño porque no se sostienen en absoluto. Por lo tanto, tratemos de ver exactamente lo que sucede cuando se introducen mejoras técnicas y maquinaria de ahorro de trabajo. Los detalles variarán en cada caso, dependiendo de las condiciones particulares que prevalezcan en una industria o período determinado. Pero asumiremos un ejemplo que involucra las principales posibilidades.

Supongamos que un fabricante de ropa se entera de una máquina que hará abrigos para hombres y mujeres por la mitad de trabajo que antes. Él instala las máquinas y deja caer la mitad de su mano de obra.

Esto se ve a primera vista como una clara pérdida de empleo. Pero la máquina misma requiere mano de obra para hacerla; así que aquí, como compensación, hay trabajos que de otra manera no habrían existido. El fabricante, sin embargo, sólo habría adoptado la máquina si hubiera hecho mejores trajes por la mitad de la mano de obra, o si hubiera hecho el mismo tipo de trajes a un menor costo. Si suponemos esto último, no podemos suponer que la cantidad de trabajo para hacer las máquinas fuera tan grande en términos de nóminas como la cantidad de trabajo que el fabricante de ropa espera ahorrarse a largo plazo adoptando la máquina; de lo contrario no habría habido economía, y no la habría adoptado.

Por lo tanto, todavía hay una pérdida neta de empleo que debe ser contabilizada. Pero al menos deberíamos tener en cuenta la posibilidad real de que incluso el *primer* efecto de la introducción de la maquinaria de ahorro de mano de obra puede ser el aumento del empleo sobre el saldo neto; porque normalmente sólo *a largo plazo* el fabricante de ropa espera ahorrar dinero adoptando la máquina: puede tardar varios años en «pagarse a sí misma».

Una vez que la máquina ha producido economías suficientes para compensar su costo, el fabricante de ropa tiene más beneficios que antes. (Asumiremos que sólo vende sus abrigos al mismo precio que sus competidores, y no hace ningún esfuerzo por subvalorarlos) En este punto, puede parecer que la mano de obra ha sufrido una pérdida neta de empleo, mientras que sólo el fabricante, el capitalista, ha ganado. Pero es precisamente de estos beneficios adicionales de donde deben salir las ganancias sociales subsiguientes. El fabricante debe utilizar estos beneficios extras al menos de una de las tres maneras, y posiblemente utilizará parte de ellos en las tres: (1) utilizará los beneficios extras para ampliar sus operaciones comprando más máquinas para hacer más abrigos; o (2) invertirá los beneficios extras en alguna otra industria; o (3) gastará los beneficios extras en aumentar su propio consumo. Cualquiera de estos tres cursos que tome, aumentará el empleo.

En otras palabras, el fabricante, como resultado de sus economías, tiene beneficios que no tenía antes. Cada dólar de la cantidad que ha ahorrado en salarios directos a los antiguos fabricantes de abrigos, ahora tiene que pagar en salarios indirectos a los fabricantes de la nueva máquina, o a los trabajadores de otra industria de capital, o a los fabricantes de una nueva casa o automóvil para él, o de joyas y pieles para su esposa. En cualquier caso (a menos que sea un acaparador inútil) da indirectamente tantos trabajos como los que dejó de dar directamente.

Pero el asunto no descansa ni puede descansar en esta etapa. Si este fabricante emprendedor realiza grandes economías en comparación con sus competidores, o bien comenzará a expandir sus operaciones a costa de ellos, o bien ellos comenzarán a comprar también las máquinas. Una vez más, se dará más trabajo a los fabricantes de las máquinas. Pero la competencia y la producción también comenzarán a bajar el precio de los abrigos. Ya no habrá grandes ganancias para aquellos que adopten las nuevas máquinas. La tasa de beneficios de los fabricantes que utilizan la nueva máquina comenzará a bajar, mientras que los fabricantes que aún no han adoptado la máquina pueden ahora no obtener ningún beneficio. En otras palabras, los ahorros comenzarán a pasar a los compradores de abrigos a los *consumidores*.

Pero como los abrigos son ahora más baratos, más gente los comprará. Esto significa que, aunque se necesita menos gente para hacer el mismo número de abrigos que antes, ahora se hacen más abrigos que antes. Si la demanda de abrigos es lo que los economistas llaman «elástica» —es decir, si la caída del precio de los abrigos hace que se gaste una cantidad total de dinero mayor en abrigos que antes— es posible que se emplee a más gente incluso en la fabricación de abrigos que antes de que se introdujera la nueva máquina de ahorro de mano de obra. Ya hemos visto cómo esto ocurrió históricamente con las medias y otros textiles.

Pero el nuevo empleo no depende de la elasticidad de la demanda del producto en particular. Supongamos que, aunque el precio de los abrigos se redujo casi a la mitad —de un precio anterior, digamos, de 50 dólares a un nuevo precio de 30 dólares— no se vendió ni un solo abrigo adicional. El resultado sería que mientras los consumidores estaban tan bien provistos de nuevos abrigos como antes, cada comprador tendría ahora 20 dólares de sobra que no le habrían sobrado antes. Por lo tanto, gastará estos 20 dólares en otra cosa, y así proporcionará un mayor empleo en otras líneas.

En resumen, en balance neto, las máquinas, las mejoras tecnológicas, las economías y la eficiencia no echan a los hombres del trabajo.

No todos los inventos y descubrimientos, por supuesto, son máquinas «ahorradoras de mano de obra». Algunos de ellos, como los instrumentos de precisión, como el nylon, la lucita, la madera contrachapada y los plásticos de todo tipo, simplemente mejoran la calidad de los productos. Otros, como el teléfono o el avión, realizan operaciones que el trabajo humano directo no podría realizar en absoluto. Otros más traen a la existencia objetos y servicios, como rayos X, radios y caucho sintético, que de otra manera ni siquiera existirían. Pero en la ilustración anterior hemos tomado precisamente el tipo de máquina que ha sido el objeto especial de la tecnofobia moderna.

Es posible, por supuesto, llevar demasiado lejos el argumento de que las máquinas no en equilibrio neto echan a los hombres del trabajo. A veces se argumenta, por ejemplo, que las máquinas crean más empleos de los que habrían existido de otro modo. En ciertas condiciones esto puede ser cierto. Ciertamente pueden crear muchísimos más empleos *en determinados oficios*. Las cifras del siglo XVIII para las industrias textiles son un ejemplo de ello. Sus contrapartes modernas no son menos llamativas. En 1910, 140.000 personas trabajaban en los Estados Unidos en la recién creada industria del automóvil. En 1920, al mejorar el producto y reducir su costo, la industria empleó a 250.000 personas. En 1930, a medida que se mejoraba el producto y se reducían sus costos, el empleo en la industria era de 380.000 personas. En 1940 había aumentado a 450.000. Para 1940, 35.000 personas estaban empleadas en la fabricación de refrigeradores eléctricos, y 60.000 en la industria de la radio. Así ha sido en un comercio recién creado tras otro, a medida que el invento se mejoraba y el costo se reducía.

También hay un sentido absoluto en el que se puede decir que las máquinas han aumentado enormemente el número de empleos. La población del mundo actual es tres veces mayor que a mediados del siglo XVIII, antes de que la Revolución Industrial se pusiera en marcha. Se puede decir que las máquinas han dado origen a este aumento de la población, ya que sin las máquinas, el mundo no habría sido capaz de soportarlo. Dos de cada tres de nosotros, por lo tanto, puede decirse que debemos no sólo nuestros trabajos sino nuestras vidas a las máquinas.

Sin embargo, es un concepto erróneo pensar que la función o el resultado de las máquinas es principalmente la creación de puestos de *trabajo*. El resultado real de la máquina es aumentar la *producción*, elevar el nivel de vida, aumentar el bienestar económico. No es ningún truco emplear a todo el mundo, incluso (o especialmente) en la economía más primitiva. El pleno empleo —muy pleno empleo; un empleo largo, cansado y agotado— es característico precisamente de las naciones más retrasadas industrialmente. Donde ya existe el pleno empleo, las nuevas máquinas, inventos y descubrimientos no pueden —hasta que no haya habido tiempo para un aumento de la población— traer más empleo. Es probable que traigan *más* desempleo (pero esta vez hablo de desempleo *voluntario* y no involuntario) porque ahora la gente puede permitirse trabajar menos horas, mientras que los niños y los ancianos ya no necesitan trabajar.

Lo que hacen las máquinas, para repetir, es traer un aumento en la producción y un incremento en el nivel de vida. Pueden hacer esto de dos maneras. Lo hacen haciendo los bienes más baratos para los consumidores (como en nuestra ilustración de los abrigos), o lo hacen aumentando los salarios porque aumentan la productividad de los trabajadores. En otras palabras, o bien aumentan los salarios monetarios o, al reducir los precios, aumentan los bienes y servicios que los mismos salarios monetarios comprarán. A veces hacen ambas cosas. Lo que realmente ocurra dependerá en gran parte de la política monetaria que se aplique en un país. Pero en cualquier caso, las máquinas, inventos y descubrimientos aumentan los salarios *reales*.

Una advertencia es necesaria antes de dejar este tema. Fue precisamente el gran mérito de los economistas clásicos que buscaron consecuencias secundarias, que se preocuparon por los efectos de una determinada política o desarrollo económico a largo plazo y en toda la comunidad. Pero también era su defecto que, al adoptar la visión a largo plazo y la visión amplia, a veces se olvidaban de adoptar también la visión a corto plazo y la visión estrecha. Con demasiada frecuencia se inclinaban a minimizar u olvidar por completo los efectos inmediatos de los acontecimientos en los grupos especiales. Hemos visto, por ejemplo, que los tejedores de medias inglesas sufrieron verdaderas tragedias como resultado de la introducción de los nuevos marcos de medias, uno de los primeros inventos de la Revolución Industrial.

Pero tales hechos y sus contrapartes modernas han llevado a algunos escritores al extremo opuesto de mirar *sólo* a los efectos inmediatos sobre ciertos grupos. Joe Smith es despedido de su trabajo por la introducción de una nueva máquina. «Vigila a Joe Smith», insisten estos escritores. «Nunca pierdas de vista a Joe Smith». Pero lo que proceden a hacer es mantener los ojos *sólo* en Joe Smith, y olvidar a Tom Jones, que acaba de conseguir un nuevo trabajo en la fabricación de la nueva máquina, y a Ted Brown, que acaba de conseguir un trabajo operando una, y a Daisy Miller, que ahora puede comprar un abrigo por la mitad de lo que solía costarle. Y como sólo piensan en Joe Smith, terminan abogando por políticas reaccionarias y sin sentido.

Sí, deberíamos mantener al menos un ojo en Joe Smith. Ha sido despedido de un trabajo por la nueva máquina. Tal vez pronto pueda conseguir otro trabajo, incluso uno mejor. Pero quizás, también, ha dedicado muchos años de su vida a adquirir y mejorar una habilidad especial para la que el mercado ya no tiene uso. Ha perdido esta inversión en sí mismo, en su antigua habilidad, así como su antiguo empleador, tal vez, ha perdido *su* inversión en viejas máquinas o procesos que de repente se han vuelto obsoletos. Era un trabajador cualificado, y se le pagaba como tal. Ahora se ha convertido de la noche a la mañana en un obrero no cualificado de nuevo, y puede esperar, por el momento, sólo por el salario de un obrero no cualificado, porque la única habilidad que tenía ya no es necesaria. No podemos y no debemos olvidar a Joe Smith. La suya es una de las tragedias personales que, como veremos, afecta a casi todo el progreso industrial y económico.

Preguntar precisamente qué camino debemos seguir con Joe Smith —si debemos dejarle hacer su propio ajuste, darle la paga por separación o la compensación por desempleo, ponerle en relevo, o entrenarle a expensas del gobierno para un nuevo trabajo— nos llevaría más allá del punto que estamos aquí tratando de ilustrar. La lección central es que debemos tratar de ver *todas* las consecuencias principales de cualquier política económica o desarrollo —los efectos inmediatos en grupos especiales, y los efectos a largo plazo en todos los grupos.

Si hemos dedicado un espacio considerable a esta cuestión es porque nuestras conclusiones sobre los efectos de la nueva maquinaria, los inventos y los descubrimientos en el empleo, la producción y el bienestar son cruciales. Si nos equivocamos en esto, hay pocas cosas en la economía sobre las que probablemente tengamos razón.

CAPÍTULO 8

Esquemas de reparto de trabajo

Me he referido a varias prácticas de fabricación y de plumas del sindicato. Estas prácticas, y la tolerancia pública de las mismas, provienen de la misma falacia fundamental que el miedo a las máquinas. Esta es la creencia de que una forma más eficiente de hacer una cosa destruye los trabajos, y su corolario necesario es que una forma menos eficiente de hacerlos los crea.

Aliada a esta falacia está la creencia de que sólo hay una cantidad fija de trabajo por hacer en el mundo, y que, si no podemos añadir a este trabajo pensando en formas más engorrosas de hacerlo, al menos podemos pensar en dispositivos para difundirlo entre el mayor número de personas posible.

Este error se encuentra detrás de la diminuta subdivisión del trabajo en la que insisten los sindicatos. En los oficios de la construcción en las grandes ciudades la subdivisión es notoria. A los albañiles no se les permite usar piedras para una chimenea: ese es el trabajo especial de los canteros. Un electricista no puede arrancar una tabla para arreglar una conexión y volverla a colocar: ese es el trabajo especial, por simple que sea, de los carpinteros. Un fontanero no puede quitar o volver a poner un azulejo para arreglar una fuga en la ducha: ese es el trabajo de un colocador de azulejos.

Los sindicatos luchan por el derecho exclusivo de realizar ciertos tipos de trabajos fronterizos. En una declaración recientemente preparada por los ferrocarriles americanos para el Comité de Procedimiento Administrativo del Fiscal General, los ferrocarriles dieron innumerables ejemplos en los que la

Junta Nacional de Ajustes Ferroviarios había decidido que

> cada operación separada en el ferrocarril, no importa cuán diminuta sea, como hablar por teléfono o pinchar o des pinchar un interruptor, es hasta ahora propiedad exclusiva de una clase particular de empleados que si un empleado de otra clase, en el curso de sus deberes regulares, realiza tales operaciones no sólo debe ser pagado un día más de salario por hacerlo, sino que al mismo tiempo los miembros de la clase que se considera que tienen derecho a realizar la operación deben ser pagados un día más de salario por no haber sido llamados a realizarla.

Es cierto que unas pocas personas pueden beneficiarse a expensas del resto de nosotros de esta diminuta y arbitraria subdivisión del trabajo —siempre que ocurra en su caso solamente. Pero aquellos que la apoyan como práctica general no ven que siempre eleva los costos de producción; que resulta en un balance neto en menos trabajo realizado y en menos bienes producidos. El cabeza de familia que se ve obligado a emplear a dos hombres para hacer el trabajo de uno, ha dado, es cierto, empleo a un hombre más. Pero le sobra mucho menos dinero para gastarlo en algo que emplearía a otra persona. Debido a que la fuga de su baño ha sido reparada al doble de lo que debería haber costado, decide no comprar el nuevo suéter que quería. El «trabajo» no es mejor, porque un día de trabajo de un alicatador innecesario ha significado un día de trabajo de un tejedor de suéteres o de un manipulador de máquinas. El cabeza de familia, sin embargo, está peor. En lugar de tener una ducha reparada y un suéter, tiene la ducha y no el suéter. Y si contamos el suéter como parte de la riqueza nacional, al país le falta un suéter. Esto simboliza el resultado neto del esfuerzo de hacer trabajo extra por la subdivisión arbitraria del trabajo.

Pero hay otros esquemas para «repartir el trabajo» a menudo propuestos por los portavoces y legisladores sindicales. El más frecuente de ellos es la propuesta de acortar la semana laboral, generalmente por ley. La creencia de que «repartiría el trabajo» y «daría más empleos» fue una de las principales razones que motivaron la inclusión de la disposición de penalización de horas extras en la Ley Federal de Salarios y Horas de Trabajo existente. La legislación anterior de los Estados, que prohibía el empleo de mujeres o menores de edad por más de, digamos, cuarenta y ocho horas semanales, se basaba en la convicción de que un horario más largo era perjudicial para la salud y la moral. Parte de ella se basaba en la creencia de que las horas más largas eran perjudiciales para la eficiencia. Pero la disposición de la ley federal que establece que un empleador debe pagar a un trabajador una prima del 50 por ciento por encima de su salario por hora regular por todas las horas trabajadas en cualquier semana por encima de las cuarenta, no se basaba principalmente en la creencia de que cuarenta y cinco horas a la semana, por ejemplo, fueran perjudiciales para la salud o la eficiencia. Se introdujo en parte con la esperanza de aumentar los ingresos semanales del trabajador, y en parte con la esperanza de que, al desalentar al empleador a contratar a alguien regularmente por más de cuarenta horas a la semana, le obligaría a emplear más trabajadores en su lugar. En el momento de escribir esto, existen muchos planes para «evitar el desempleo» mediante la promulgación de una semana de treinta horas.

¿Cuál es el efecto real de esos planes, ya sea que se apliquen por las uniones individuales o por la legislación? Aclarará el problema si consideramos dos casos. El primero es una reducción de la semana laboral estándar de cuarenta a treinta horas sin ningún cambio en la tasa de pago por hora. El segundo es una reducción de la semana laboral de cuarenta a treinta horas, pero con un aumento suficiente de los salarios por hora para mantener el mismo salario semanal para los trabajadores individuales ya empleados.

Tomemos el primer caso. Suponemos que la semana laboral

se reduce de cuarenta a treinta horas, sin cambio en el pago por hora. Si hay un desempleo considerable cuando este plan se ponga en marcha, el plan sin duda proporcionará puestos de trabajo adicionales. Sin embargo, no podemos suponer que proporcionará suficientes empleos adicionales para mantener las mismas nóminas y el mismo número de horas-hombre que antes, a menos que hagamos las improbables suposiciones de que en cada industria ha habido exactamente el mismo porcentaje de desempleo y que los nuevos hombres y mujeres empleados no son menos eficientes en sus tareas especiales en promedio que los que ya habían sido empleados. Pero supongamos que hacemos estas suposiciones. Supongamos que asumimos que el número correcto de trabajadores adicionales de cada habilidad está disponible, y que los nuevos trabajadores no aumentan los costos de producción. ¿Cuál será el resultado de la reducción de la semana laboral de cuarenta a treinta horas (sin ningún aumento en el pago por hora)?.

Aunque se emplearán más trabajadores, cada uno de ellos trabajará menos horas y, por lo tanto, no habrá un aumento neto de las horas de trabajo. Es poco probable que haya un aumento significativo de la producción. Las nóminas totales y el «poder adquisitivo» no serán mayores. Todo lo que habrá sucedido, incluso bajo las suposiciones más favorables (que rara vez se realizarán) es que los trabajadores anteriormente empleados subvencionarán, en efecto, a los trabajadores anteriormente desempleados. Porque para que los nuevos trabajadores reciban individualmente tres cuartas partes de los dólares semanales que recibían los antiguos, éstos recibirán ahora individualmente sólo tres cuartas partes de los dólares semanales que recibían antes. Es cierto que los antiguos trabajadores trabajarán ahora menos horas; pero esta compra de más ocio a un alto precio no es, presumiblemente, una decisión que hayan tomado por su propio bien: es un sacrificio hecho para proveer a *otros* de trabajo.

Los líderes sindicales que exigen semanas más cortas para

«repartir el trabajo» suelen reconocerlo, y por lo tanto presentan la propuesta de una forma en la que se supone que todo el mundo debe comer su pastel y tenerlo también. Reducir la semana laboral de cuarenta a treinta horas, nos dicen, para proporcionar más puestos de trabajo; pero compensar la reducción de la semana aumentando el salario por hora en un 33 por ciento. Los trabajadores empleados, por ejemplo, recibían antes un promedio de 40 dólares semanales por cuarenta horas de trabajo; para que puedan seguir recibiendo 40 dólares por sólo treinta horas de trabajo, la tasa de pago por hora debe ser adelantada a un promedio de 1,33 dólares.

¿Cuáles serían las consecuencias de tal plan? La primera y más obvia consecuencia sería aumentar los costos de producción. Si suponemos que los trabajadores, cuando anteriormente trabajaban cuarenta horas, obtenían menos del nivel de los costes de producción, precios y beneficios que se podían obtener, entonces podrían haber conseguido el aumento por hora sin reducir la duración de la semana laboral. En otras palabras, podrían haber trabajado el mismo número de horas y haber aumentado sus ingresos semanales totales en un tercio, en lugar de simplemente obtener, como en la nueva semana de treinta horas, los mismos ingresos semanales que antes. Pero si, por debajo de la semana de cuarenta horas, los trabajadores ya recibían un salario tan alto como el nivel de los costos de producción y los precios que se han hecho posibles (y el mismo desempleo que están tratando de curar puede ser una señal de que ya estaban recibiendo incluso más que esto), entonces el aumento de los costos de producción como resultado del aumento del 33 por ciento de los salarios por hora será mucho mayor que el estado actual de los precios, la producción y los costos puede soportar.

El resultado del aumento de la tasa salarial, por lo tanto, será un desempleo mucho mayor que antes. Las empresas menos eficientes serán expulsadas del negocio, y los trabajadores menos eficientes serán expulsados de los puestos de trabajo. La producción se reducirá en todo el círculo. El aumento de los costos de producción y la escasez de suministros tenderán a aumentar los precios, de modo que los trabajadores podrán comprar menos con los mismos salarios en dólares; por otra parte, el aumento del desempleo reducirá la demanda y, por lo tanto, tenderá a bajar los precios. Lo que finalmente suceda con los precios de los bienes dependerá de las políticas monetarias que se sigan en ese momento. Pero si se sigue una política de inflación monetaria, para permitir que los precios suban de manera que se puedan pagar los mayores salarios por hora, esto será simplemente una forma disfrazada de reducir los salarios *reales*, de manera que éstos vuelvan, en términos de cantidad de bienes que pueden comprar, al mismo ritmo real que antes. El resultado sería entonces el mismo que si la semana laboral se hubiera reducido *sin* un aumento de los salarios por hora. Y los resultados de eso ya han sido discutidos.

Los esquemas de reparto, en resumen, se basan en el mismo tipo de ilusión que hemos estado considerando. Las personas que apoyan esos planes sólo piensan en el empleo que proporcionarían a determinadas personas o grupos; no se detienen a considerar cuál sería su efecto total sobre todos. Los planes de difusión del trabajo descansan también, como empezamos a señalar, en la falsa suposición de que sólo hay una cantidad fija de trabajo por hacer. No podría haber una falacia mayor. No hay límite a la cantidad de trabajo a realizar mientras cualquier necesidad o deseo humano que el trabajo pueda satisfacer permanezca insatisfecho. En una economía de intercambio moderna, la mayor parte del trabajo se hará cuando los precios, los costes y los salarios estén en la mejor relación entre sí. Cuáles son estas relaciones las consideraremos más adelante.

CAPÍTULO 9

Disolviendo tropas y burócratas

Cuando después de cada gran guerra se propone la desmovilización de las fuerzas armadas, siempre existe el gran temor de que no haya suficientes empleos para estas fuerzas y que, en consecuencia, se queden sin trabajo. Es cierto que cuando se liberan repentinamente millones de hombres, la industria privada puede necesitar tiempo para reabsorberlos —aunque lo que más ha llamado la atención en el pasado ha sido la rapidez, más que la lentitud, con que se ha logrado. El temor al desempleo surge porque la gente sólo mira un lado del proceso.

Ven a los soldados sueltos en el mercado laboral. ¿De dónde vendrá el «poder adquisitivo» para emplearlos? Si asumimos que el presupuesto público está siendo equilibrado, la respuesta es simple. El gobierno dejará de apoyar a los soldados. Pero a los contribuyentes se les permitirá retener los fondos que antes les quitaban para apoyar a los soldados. Y los contribuyentes tendrán entonces fondos adicionales para comprar bienes adicionales. La demanda civil, en otras palabras, se incrementará, y dará empleo a la fuerza de trabajo adicional representada por los soldados.

Si los soldados han sido apoyados por un presupuesto desequilibrado —es decir, por el préstamo del gobierno y otras formas de financiación del déficit— el caso es algo diferente. Pero esto plantea una cuestión diferente: consideraremos los efectos de la financiación del déficit en un capítulo posterior. Basta con reconocer que la financiación del déficit es irrelevante hasta el punto que se acaba de exponer; pues si suponemos que hay alguna ventaja en un déficit presupuestario, entonces precisamente el mismo déficit presupuestario podría mantenerse como antes simplemente reduciendo los impuestos en la cantidad que se gastaba anteriormente en el apoyo al ejército en tiempo de guerra.

Pero la desmovilización no nos dejará económicamente justo donde estábamos antes de que empezara. Los soldados que antes eran apoyados por civiles no se convertirán en simples civiles apoyados por otros civiles. Se convertirán en civiles autosuficientes. Si asumimos que los hombres que de otra manera hubieran sido retenidos en las fuerzas armadas ya no son necesarios para la defensa, entonces su retención habría sido un desperdicio. Habrían sido improductivos. Los contribuyentes, a cambio de apoyarlos, no tendrían nada. Pero ahora los contribuyentes les entregan esta parte de sus fondos como civiles a cambio de bienes o servicios equivalentes. La producción nacional total, la riqueza de todos, es mayor.

El mismo razonamiento se aplica a los funcionarios civiles del gobierno cuando son retenidos en número excesivo y no prestan servicios a la comunidad razonablemente equivalentes a la remuneración que reciben. Sin embargo, siempre que se hace cualquier esfuerzo por reducir el número de funcionarios innecesarios, es seguro que se levantará el grito de que esta acción es «deflacionaria». ¿Quitaría el «poder adquisitivo» de estos funcionarios? ¿Heriría a los propietarios y comerciantes que dependen de ese poder adquisitivo? Usted simplemente está reduciendo «el ingreso nacional» y ayudando a provocar o intensificar una depresión.

Una vez más la falacia viene de ver los efectos de esta acción sólo en los propios funcionarios despedidos y en los comerciantes particulares que dependen de ellos. Una vez más se olvida que, si no se mantiene a estos burócratas en el cargo, los contribuyentes podrán quedarse con el dinero que antes les fue quitado para el apoyo de los burócratas. Una vez más se olvida que los ingresos y el poder adquisitivo de los contribuyentes suben al menos tanto como los ingresos y el poder adquisitivo de los antiguos funcionarios bajan. Si los comerciantes que antes se ocupaban de los negocios de estos burócratas pierden el comercio, otros comerciantes en otros lugares ganan por lo menos tanto. Washington es menos próspero, y puede, tal vez, mantener menos tiendas; pero otras ciudades pueden mantener más.

Una vez más, sin embargo, el asunto no termina ahí. El país no está tan bien sin los superfluos funcionarios como lo estaría si los hubiera retenido. Está mucho mejor. Porque los funcionarios deben buscar ahora trabajos privados o crear empresas privadas. Y el poder adquisitivo añadido de los contribuyentes, como hemos visto en el caso de los soldados, fomentará esto. Pero los oficinistas pueden tomar trabajos privados sólo proporcionando servicios equivalentes a los que proporcionan los trabajos, o, más bien, a los clientes de los empleadores que proporcionan los trabajos. En lugar de ser parásitos, se convierten en hombres y mujeres productivos.

Debo insistir de nuevo en que en todo esto no estoy hablando de funcionarios públicos cuyos servicios son realmente necesarios. Los policías, bomberos, limpiadores de calles, oficiales de salud, jueces, legisladores y ejecutivos necesarios realizan servicios productivos tan importantes como los de cualquier persona en la industria privada. Hacen posible que la industria privada funcione en una atmósfera de ley, orden, libertad y paz. Pero su justificación consiste en la utilidad de sus servicios. No consiste en el «poder adquisitivo» que poseen en virtud de estar en la nómina pública.

Este argumento del «poder adquisitivo» es, si lo consideramos seriamente, fantástico. Podría aplicarse también a un chantajista o a un ladrón que te roba. Después de tomar tu dinero, tiene más poder adquisitivo. Apoya con él a bares, restaurantes, clubes nocturnos, sastres, tal vez trabajadores del automóvil. Pero por cada trabajo que sus gastos proveen, tus propios gastos deben proveer uno menos, porque tienes mucho menos que gastar. Así que los contribuyentes proveen un trabajo menos por cada trabajo provisto por los gastos de los oficinistas. Cuando tu dinero es tomado por un ladrón, no recibes nada a cambio. Cuando tu dinero es tomado a través de los impuestos para apoyar a burócratas innecesarios, precisamente la misma situación existe. Somos afortunados, en efecto, si los burócratas innecesarios son meros holgazanes. Es más probable que hoy en día sean enérgicos reformistas que se dedican a desalentar e interrumpir la producción. Cuando no podemos encontrar mejor argumento para la retención de cualquier grupo de funcionarios que el de conservar su poder adquisitivo, es una señal de que ha llegado el momento de deshacerse de ellos.

CAPÍTULO 10

El fetiche del pleno empleo

El objetivo económico de cualquier nación, como el de cualquier individuo, es obtener los mayores resultados con el menor esfuerzo. Todo el progreso económico de la humanidad ha consistido en obtener más producción con el mismo trabajo. Es por esta razón que los hombres comenzaron a poner cargas sobre los lomos de las mulas en lugar de hacerlo por su cuenta; que pasaron a inventar la rueda y el carro, el ferrocarril y el camión motor. Es por esta razón que los hombres usaron su ingenio para desarrollar 100.000 inventos que ahorraban trabajo.

Todo esto es tan elemental que uno se sonrojaría al decirlo si no fuera olvidado constantemente por los que acuñan y hacen circular los nuevos lemas. Traducido en términos nacionales, este primer principio significa que nuestro verdadero objetivo es maximizar la producción. Para ello, el pleno empleo, es decir, la ausencia de ociosidad involuntaria, se convierte en un subproducto necesario. Pero la producción es el fin, el empleo es sólo el medio. No podemos tener continuamente la producción más completa sin el pleno empleo. Pero podemos muy fácilmente tener pleno empleo sin plena producción.

Las tribus primitivas están desnudas, y miserablemente alimentadas y alojadas, pero no sufren de desempleo. China y la India son incomparablemente más pobres que nosotros, pero el principal problema que padecen son los métodos de producción primitivos (que son a la vez causa y consecuencia de la escasez de capital) y no el desempleo. Nada es más fácil de conseguir que el pleno empleo, una vez que se divorcia del objetivo de la plena producción y se toma como un fin en sí mismo. Hitler proporcionó el pleno empleo con un enorme programa de armamento. La guerra proporcionó pleno empleo para cada nación involucrada. El trabajo esclavo en Alemania tenía pleno empleo. Las prisiones y las cadenas de pandillas tienen pleno empleo. La coerción siempre puede proporcionar pleno empleo.

Sin embargo, nuestros legisladores no presentan proyectos de ley de plena producción en el Congreso, sino proyectos de pleno empleo. Incluso los comités de empresarios recomiendan «una Comisión Presidencial sobre el Pleno Empleo», no sobre la Plena Producción, ni siquiera sobre el Pleno Empleo y la Plena Producción. En todas partes los medios se erigen en el fin, y el fin mismo se olvida.

Los salarios y el empleo se discuten como si no tuvieran relación con la productividad y la producción. Suponiendo que sólo hay una cantidad fija de trabajo por hacer, se llega a la conclusión de que una semana de treinta horas proporcionará más puestos de trabajo y por lo tanto será preferible a una semana de cuarenta horas. Un centenar de prácticas de trabajo de los sindicatos son confusamente toleradas. Cuando un Petrillo amenaza con poner una emisora de radio fuera de servicio a menos que emplee el doble de músicos de los que necesita, es apoyado por parte del público porque, después de todo, sólo intenta crear puestos de trabajo. Cuando tuvimos nuestra WPA, se consideraba una marca de genio para los administradores el pensar en proyectos que emplearan el mayor número de hombres en relación con el valor del trabajo realizado, en otras palabras, en los que el trabajo fuera menos eficiente.

Sería mucho mejor, si esa fuera la elección —que no la es— tener la máxima producción con parte de la población apoyada en la ociosidad por un alivio no disimulado, que proporcionar el «pleno empleo» por tantas formas de trabajo disimulado que la producción está desorganizada. El progreso de la civilización ha significado la reducción del empleo, no su aumento. Es porque nos hemos hecho cada vez más ricos como nación que hemos podido eliminar virtualmente el trabajo infantil, eliminar la necesidad de trabajo para muchos de los ancianos y hacer innecesario que millones de mujeres tomen trabajos. Una proporción mucho menor de la población americana necesita trabajar que la de China o Rusia. La verdadera pregunta no es si habrá 50.000.000 o 60.000.000 de empleos en América en 1950, sino cuánto produciremos, y cuál será, en consecuencia, nuestro nivel de vida. El problema de la distribución, en el que se está poniendo todo el énfasis hoy en día, después de todo se resuelve más fácilmente cuanto más hay que distribuir. Podemos aclarar nuestro pensamiento si ponemos nuestro principal énfasis donde corresponde —en políticas que maximicen la producción.

CAPÍTULO 11

¿Quién está «protegido» por los aranceles?

La mera consideración de las políticas económicas de los gobiernos de todo el mundo está calculada para hacer que cualquier estudiante serio de economía levante las manos con desesperación. ¿Qué sentido puede tener, se preguntará probablemente, al discutir los refinamientos y avances de la teoría económica, cuando el pensamiento popular y las políticas reales de los gobiernos, ciertamente en todo lo relacionado con las relaciones internacionales, no han alcanzado todavía a Adam Smith? Porque las políticas arancelarias y comerciales actuales no sólo son tan malas como las de los siglos XVII y XVIII, sino incomparablemente peores. Las razones reales de esos aranceles y otras barreras comerciales son las mismas, y las razones fingidas son también las mismas.

En el siglo y tres cuartos desde que apareció *La riqueza de las naciones*, el argumento a favor del libre comercio ha sido expuesto miles de veces, pero quizás nunca con más directa simplicidad y fuerza que la que se expuso en ese volumen. En general, Smith basó su caso en una proposición fundamental: «En todos los países siempre es y debe ser el interés de la gran mayoría del pueblo comprar lo que quieran a los que lo venden más barato.» «La propuesta es tan evidente», continuó Smith, «que parece ridículo esforzarse por probarla; ni podría haberse cuestionado nunca, si los interesados sofismas de los comerciantes y fabricantes no hubieran confundido el sentido común de la humanidad». Desde otro punto de vista, el libre comercio se consideraba un aspecto de la especialización del trabajo:

> Es la máxima de todo amo prudente de una familia, nunca intentar hacer en casa lo que le costará más hacer que comprar. El sastre no intenta hacer sus propios zapatos, sino que los compra al zapatero. El zapatero no intenta hacer su propia ropa, sino que emplea a un sastre. El granjero no intenta hacer ni lo uno ni lo otro, sino que emplea a esos diferentes artífices. A todos les interesa emplear toda su industria de manera que tengan alguna ventaja sobre sus vecinos, y comprar con una parte de su producción, o lo que es lo mismo, con el precio de una parte de ella, cualquier otra cosa que tengan ocasión de hacer. Lo que es prudencia en la conducta de toda familia privada puede ser una locura en la de un gran reino.

Pero, ¿qué llevó a la gente a suponer que lo que era prudencia en la conducta de toda familia privada *podía ser* locura en la de un gran reino? Era toda una red de falacias, de la cual la humanidad aún no ha podido salir. Y la principal de ellas fue la falacia central de la que trata este libro. Fue la de considerar meramente los efectos inmediatos de un arancel sobre grupos especiales, y dejar de considerar sus efectos a largo plazo sobre toda la comunidad.

Un fabricante americano de suéteres de lana se dirige al Congreso o al Departamento de Estado y dice a la comisión o a los funcionarios interesados que sería un desastre nacional que eliminaran o redujeran el arancel de los suéteres británicos. Ahora vende sus suéteres a 15 dólares cada uno, pero los fabricantes ingleses podrían vender aquí suéteres de la misma calidad a 10 dólares. Por lo tanto, se necesita un arancel de 5 dólares para mantenerlo en el negocio. No piensa en sí mismo, por supuesto, sino en los miles de hombres y mujeres que emplea, y en la gente a la que sus gastos a su vez dan empleo. Echarlos a la calle y crearas desempleo y una caída del poder adquisitivo, que se extenderá en círculos cada vez más amplios. Y si puede demostrar que realmente se vería obligado a cerrar si el arancel fuera eliminado o reducido, su argumento en contra de esa acción es considerado por el Congreso como concluyente.

Pero la falacia viene de mirar simplemente a este fabricante y sus empleados, o simplemente a la industria americana de los suéteres. Es el resultado de notar sólo los resultados que se ven inmediatamente, y descuidar los resultados que no se ven porque se les impide existir.

Los grupos de presión para la protección arancelaria están continuamente presentando argumentos que no son correctos en cuanto a los hechos. Pero supongamos que los hechos en este caso son precisamente como el fabricante de suéteres los ha declarado. Supongamos que un arancel de 5 dólares por suéter es necesario para que él permanezca en el negocio y proporcione empleo en la fabricación de suéteres para sus trabajadores.

Hemos elegido deliberadamente el ejemplo más desfavorable para la eliminación de un arancel. No hemos tomado un argumento a favor de la imposición de un nuevo arancel para crear una nueva industria, sino un argumento a favor de la retención de un arancel *que ya ha creado una industria* y que no puede ser derogado sin perjudicar a alguien.

Se deroga el arancel, el fabricante deja de funcionar, se despide a mil trabajadores y se perjudica a los comerciantes particulares que patrocinaron. Este es el resultado inmediato que se ve. Pero también hay resultados que, aunque mucho más difíciles de rastrear, no son menos inmediatos ni menos reales. Por ahora los suéteres que antes costaban 15 dólares cada uno se pueden comprar por 10 dólares. Los consumidores pueden ahora comprar la misma calidad de suéteres por menos dinero, o uno mucho mejor por el mismo dinero. Si compran la misma calidad de suéter, no sólo obtienen el suéter, sino que les sobran 5 dólares, que no tendrían en las condiciones anteriores, para comprar otra cosa. Con el sombrero de 10 dólares que pagan por el suéter importado ayudan al empleo —como sin duda predijo el fabricante norteamericano— en la industria de los suéteres en Inglaterra. Con los 5 dólares que les sobran ayudan al empleo en cualquier otra industria de los Estados Unidos.

Pero los resultados no terminan ahí. Al comprar suéteres ingleses, proveen a los ingleses de dólares para comprar productos americanos aquí. Esto, de hecho (si me permiten aquí hacer caso omiso de complicaciones tales como el intercambio multilateral, préstamos, créditos, movimientos de oro, etc. que no alteran el resultado final) es la única manera en que los británicos pueden eventualmente hacer uso de estos dólares. Como hemos permitido a los británicos que nos vendan más, ahora pueden comprarnos más. De hecho, se ven obligados a comprarnos más si no quieren que sus saldos en dólares permanezcan perpetuamente sin utilizar. Así que, como resultado de dejar entrar más productos británicos, debemos exportar más productos americanos. Y aunque menos gente está empleada en la industria americana de los suéteres, más gente está empleada —y mucho más eficientemente empleada — en, digamos, el negocio americano de los automóviles o de las lavadoras. El empleo americano en el balance neto no ha disminuido, pero la producción americana y británica en el balance neto ha aumentado. La mano de obra de cada país está más empleada en hacer las cosas que mejor hace, en lugar de ser forzada a hacer cosas que hace ineficientemente o mal. Los consumidores de ambos países están mejor. Son capaces de comprar lo que quieren donde pueden conseguirlo más barato. Los consumidores americanos están mejor provistos de suéteres, y los británicos están mejor provistos de autos y lavadoras.

Ahora veamos el asunto al revés, y veamos el efecto de imponer un arancel en primer lugar. Supongamos que no hubiera habido ningún arancel sobre los artículos de punto extranjeros, que los americanos estuvieran acostumbrados a comprar suéteres extranjeros sin aranceles, y que se presentara entonces el argumento de que podíamos *crear una industria de suéteres* imponiendo un arancel de 5 dólares a los suéteres.

No habría nada lógicamente malo con este argumento hasta ahora. El costo de los suéteres británicos para el consumidor americano podría ser tan alto que los fabricantes americanos encontrarían rentable entrar en el negocio de los suéteres. Pero los consumidores americanos se verían obligados a subvencionar esta industria. Por cada suéter americano que compren se verán obligados a pagar un impuesto de 5 dólares que les será cobrado a un precio más alto por la nueva industria de los suéteres.

Los americanos serían empleados en una industria de suéteres que no habían sido empleados anteriormente en una industria de suéteres. Eso es cierto. Pero no habría una adición neta a la industria del país o al empleo del país. Porque el consumidor americano tendría que pagar 5 dólares más por la misma calidad de suéteres y le quedaría mucho menos para comprar cualquier otra cosa. Tendría que reducir sus gastos en 5 dólares en otro lugar. Para que una industria pueda crecer o existir, otras cien industrias tendrían que reducirse. Para que 20.000 personas puedan trabajar en una industria de suéteres, 20.000 personas menos serán empleadas en otro lugar.

Pero la nueva industria sería *visible*. El número de sus empleados, el capital invertido en ella, el valor de mercado de su producto en términos de dólares, podría ser fácilmente contabilizado. Los vecinos podrían ver a los trabajadores de los suéteres yendo y viniendo de la fábrica todos los días. Los resultados serían palpables y directos. Pero la reducción de otras cien industrias, la pérdida de 20.000 empleos en otros lugares, no se notaría tan fácilmente. Sería imposible incluso para el estadístico más inteligente saber con precisión cuál había sido la incidencia de la pérdida de otros empleos —precisamente cuántos hombres y mujeres habían sido despedidos de cada industria en particular, precisamente cuánto negocio había perdido cada industria en particular— porque los consumidores tenían que pagar más por sus suéteres. La distribución de las pérdidas entre todas las demás actividades productivas del país sería comparativamente minúscula para cada una de ellas. Sería imposible para cualquiera saber con precisión cómo *habría* gastado cada consumidor sus 5 dólares extra si se le hubiera permitido retenerlos. La abrumadora mayoría de la gente, por lo tanto, probablemente sufriría de la ilusión óptica de que la nueva industria no nos ha costado nada.

Es importante notar que el nuevo arancel de los suéteres no aumentará los salarios americanos. Sin duda, permitiría a los americanos trabajar *en la industria de los suéteres* aproximadamente al nivel medio de los salarios americanos (para los americanos de su especialidad), en lugar de tener que competir en esa industria al nivel de los salarios británicos. Pero no habría ningún aumento de los salarios americanos *en general* como resultado del deber; porque, como hemos visto, no habría ningún aumento neto en el número de puestos de trabajo proporcionados, ningún aumento neto en la demanda de bienes, y ningún aumento en la productividad laboral. La productividad laboral se *reduciría*, de hecho, como resultado del arancel.

Y esto nos lleva al efecto real de un muro arancelario. No se trata simplemente de que todas sus ganancias visibles se compensen con pérdidas menos obvias pero no menos reales. Resulta, de hecho, en una pérdida neta para el país. Porque, contrariamente a siglos de propaganda interesada y confusión desinteresada, el arancel *reduce* el nivel de los salarios americanos.

Observemos más claramente cómo lo hace. Hemos visto que la cantidad añadida que los consumidores pagan por un artículo protegido por el arancel les deja mucho menos con qué comprar todos los demás artículos. No hay aquí ninguna ganancia neta para la industria en su conjunto. Pero como resultado de la barrera artificial erigida contra los bienes extranjeros, la mano de obra, el capital y la tierra americana se desvían de lo que pueden hacer más eficientemente a lo que hacen menos eficientemente. Por lo tanto, como resultado del muro arancelario, la productividad promedio del trabajo y el capital americano se reduce.

Si lo miramos ahora desde el punto de vista del consumidor, encontramos que puede comprar menos con su dinero. Debido a que tiene que pagar más por los suéteres y otros bienes protegidos, puede comprar menos de todo lo demás. Por lo tanto, el poder adquisitivo general de sus ingresos se ha reducido. Si el efecto neto del arancel es reducir los salarios o aumentar los precios del dinero dependerá de las políticas monetarias que se sigan. Pero lo que está claro es que el arancel —aunque puede aumentar los salarios por encima de lo que habrían sido en *las industrias protegidas*— debe, en equilibrio neto, cuando se consideran todas las ocupaciones, *reducir los salarios reales*.

Sólo las mentes corrompidas por generaciones de propaganda engañosa pueden considerar esta conclusión como paradójica. ¿Qué otro resultado podríamos esperar de una política de utilizar deliberadamente nuestros recursos de capital y mano de obra de manera menos eficiente de lo que sabemos cómo utilizarlos? ¿Qué otro resultado podríamos esperar de erigir deliberadamente obstáculos artificiales al comercio y al transporte?.

Porque la construcción de muros arancelarios tiene el mismo efecto que la construcción de muros reales. Es significativo que los proteccionistas usen habitualmente el lenguaje de la guerra. Hablan de «repeler una invasión» de productos extranjeros. Y los medios que sugieren en el campo fiscal son como los del campo de batalla. Las barreras arancelarias que se ponen para repeler esta invasión son como las trampas para tanques, trincheras y enredos de alambre de púas creados para repeler o frenar los intentos de invasión de un ejército extranjero.

Y así como el ejército extranjero se ve obligado a emplear medios más caros para superar esos obstáculos —grandes tanques, detectores de minas, cuerpo de ingenieros para cortar alambres, vados y construir puentes—, también se deben desarrollar medios de transporte más caros y eficientes para superar los obstáculos arancelarios. Por un lado, tratamos de reducir el costo del transporte entre Inglaterra y América, o Canadá y Estados Unidos, desarrollando barcos más rápidos y eficientes, mejores carreteras y puentes, mejores locomotoras y camiones de motor. Por otro lado, compensamos esta inversión en un transporte eficiente con un arancel que hace que comercialmente sea aún más difícil transportar mercancías que antes. Hacemos que sea un dólar más barato enviar los suéteres, y luego aumentamos la tarifa en dos dólares para evitar que los suéteres sean enviados. Al reducir la carga que se puede transportar de forma rentable, reducimos el valor de la inversión en la eficiencia del transporte.

El arancel se ha descrito como un medio de beneficiar al productor a expensas del consumidor. En cierto sentido esto es correcto. Los que lo favorecen sólo piensan en los intereses de los productores inmediatamente beneficiados por los aranceles particulares involucrados. Se olvidan de los intereses de los consumidores que se ven inmediatamente perjudicados al ser obligados a pagar estos derechos. Pero es erróneo pensar en la cuestión arancelaria como si representara un conflicto entre los intereses de los productores como unidad contra los de los consumidores como unidad. Es cierto que el arancel perjudica a todos los consumidores como tales. No es cierto que beneficie a todos los productores como tales. Al contrario, como acabamos de ver, ayuda a los productores protegidos a expensas de todos los demás productores americanos *y, en particular, de los que tienen un mercado potencial de exportación comparativamente grande.*

Quizás podamos aclarar este último punto con un ejemplo

exagerado. Supongamos que hacemos nuestro muro arancelario tan alto que se vuelve absolutamente prohibitivo, y que no entra ninguna importación del mundo exterior. Supongamos, como resultado de esto, que el precio de los suéteres en América sube sólo 5 dólares. Entonces los consumidores americanos, porque tienen que pagar 5 dólares más por un suéter, gastarán en promedio 5 centavos menos en cada una de las otras cien industrias americanas. (Las cifras se han elegido simplemente para ilustrar un principio: no habrá, por supuesto, una distribución tan simétrica de la pérdida; además, la propia industria de los suéteres se verá sin duda perjudicada por la protección de *otras* industrias. Pero estas complicaciones pueden dejarse de lado por el momento).

Ahora, debido a que las industrias extranjeras encontrarán su mercado en América *totalmente* cortado, no obtendrán ningún cambio de dólares, y por lo tanto *no podrán comprar ninguna mercancía americana*. Como resultado de esto, las industrias americanas sufrirán en proporción directa al porcentaje de sus ventas previamente realizadas en el extranjero. Los más perjudicados, en primer lugar, serán las industrias como la del algodón en bruto, la del cobre, la de las máquinas de coser, la de la maquinaria agrícola, la de las máquinas de escribir, etc.

Un muro arancelario más alto, que, sin embargo, no es prohibitivo, producirá el mismo tipo de resultados que éste, pero en menor grado.

El efecto de un arancel, por lo tanto, es cambiar la *estructura* de la producción americana. Cambia el número de ocupaciones, el tipo de ocupaciones y el tamaño relativo de una industria en comparación con otra. Hace que las industrias en las que somos comparativamente ineficientes sean más grandes, y las industrias en las que somos comparativamente eficientes sean más pequeñas. Su efecto neto, por lo tanto, es reducir la eficiencia de los Estados Unidos, así como reducir la eficiencia en los países con los que de otra manera hubiéramos comerciado más ampliamente.

A largo plazo, a pesar de las montañas de argumentos a favor y en contra, un arancel es irrelevante para la cuestión del empleo. (Es cierto que los *cambios* repentinos de la tarifa, ya sea al alza o a la baja, pueden crear un desempleo temporal, ya que obligan a los cambios correspondientes en la estructura de la producción. Tales cambios repentinos pueden incluso causar una depresión). Pero un arancel no es irrelevante para la cuestión de los salarios. A largo plazo siempre reduce los salarios reales, porque reduce la eficiencia, la producción y la riqueza.

Así, todas las principales falacias de los aranceles provienen de la falacia central de la que trata este libro. Son el resultado de observar sólo los efectos inmediatos de un solo arancel en un grupo de productores, y olvidar los efectos a largo plazo tanto en los consumidores en su conjunto como en todos los demás productores.

(Escucho a algún lector preguntar: «¿Por qué no resolver esto dando protección arancelaria a *todos* los productores?» Pero la falacia aquí es que esto no puede ayudar a los productores de manera uniforme, y no puede ayudar en absoluto a los productores nacionales que ya «superan» a los productores extranjeros: estos productores eficientes deben sufrir necesariamente por el desvío del poder adquisitivo provocado por el arancel).

Sobre el tema del arancel debemos tener en cuenta una última precaución. Es la misma precaución que encontramos necesaria al examinar los efectos de la maquinaria. Es inútil negar que un arancel beneficia —o al menos puede beneficiar— *intereses especiales*. Es cierto que *los beneficia a expensas de todos los demás*. Pero sí los beneficia. Si una sola industria pudiera obtener protección, mientras que sus propietarios y trabajadores disfrutaran de los beneficios del libre comercio en todo lo demás que compraran, esa industria se beneficiaría, incluso en saldo neto. Sin embargo, cuando se intenta *ampliar* las bendiciones arancelarias, incluso las personas de las industrias protegidas, tanto como productores como consumidores, empiezan a sufrir la protección de otras personas, y pueden finalmente estar peor incluso en el balance neto que si ni ellos ni nadie más tuviera protección.

Pero no debemos negar, como lo han hecho tan a menudo los entusiastas del libre comercio, la posibilidad de que estos beneficios arancelarios beneficien a grupos especiales. No debemos pretender, por ejemplo, que una reducción del arancel ayude a todos y no perjudique a nadie. Es cierto que su reducción ayudaría al país en el balance neto. Pero *alguien* saldría perjudicado. Los grupos que antes disfrutaban de una alta protección se verían perjudicados. Esa es una de las razones por las que no es bueno que existan tales intereses protegidos en primer lugar. Pero la claridad y la franqueza de pensamiento nos obligan a ver y reconocer que algunas industrias tienen razón cuando dicen que una eliminación del arancel sobre su producto los echaría del negocio y echaría a sus trabajadores (al menos temporalmente) de sus puestos de trabajo. Y si sus trabajadores han desarrollado habilidades especializadas, pueden incluso sufrir de forma permanente, o hasta que por fin hayan aprendido las mismas habilidades. Al rastrear los efectos de los aranceles, como al rastrear los efectos de la maquinaria, debemos esforzarnos por ver *todos* los efectos principales, tanto a corto como a largo plazo, en *todos* los grupos.

Como posdata de este capítulo debo añadir que su argumento no se dirige contra todos los aranceles, incluidos los derechos recaudados principalmente para los ingresos, o para mantener vivas las industrias necesarias para la guerra; tampoco se dirige contra todos los argumentos a favor de los aranceles. Se dirige simplemente contra la falacia de que un arancel sobre el saldo neto «proporciona empleo», «aumenta los salarios» o «protege el nivel de vida americana». No hace ninguna de estas cosas; y en lo que respecta a los salarios y el nivel de vida, hace exactamente lo contrario. Pero un examen de los aranceles impuestos para otros fines nos llevaría más allá de nuestro presente tema.

Tampoco es necesario que examinemos aquí el efecto de las cuotas de importación, los controles de cambio, el bilateralismo y otros dispositivos para reducir, desviar o impedir el comercio internacional. Tales dispositivos tienen, en general, los mismos efectos que los aranceles elevados o prohibitivos, y a menudo efectos peores. Presentan cuestiones más complicadas, pero sus resultados netos pueden rastrearse mediante el mismo tipo de razonamiento que acabamos de aplicar a las barreras arancelarias.

CAPÍTULO 12

El impulso de las exportaciones

Superado únicamente por el temor patológico a las importaciones que afecta a todas las naciones es un anhelo patológico por las exportaciones. Lógicamente, es cierto, nada podría ser más inconsistente. A largo plazo, las importaciones y las exportaciones deben igualarse (considerando ambas en el sentido más amplio, que incluye artículos tan «invisibles» como los gastos de turismo y los gastos de flete marítimo). Son las exportaciones las que pagan las importaciones, y viceversa. Cuanto mayores sean las exportaciones, mayores serán las importaciones, si es que alguna vez esperamos que nos paguen. Cuanto más pequeñas sean las importaciones que tenemos, más pequeñas serán las exportaciones que podamos tener. Sin importaciones no podemos tener exportaciones, ya que los extranjeros no tendrán fondos con los que comprar nuestros bienes. Cuando decidimos reducir nuestras importaciones, en efecto estamos decidiendo también reducir nuestras exportaciones. Cuando decidimos aumentar nuestras exportaciones, estamos en efecto decidiendo también aumentar nuestras importaciones.

La razón de esto es elemental. Un exportador americano vende sus productos a un importador británico y se le paga en libras esterlinas. Pero no puede usar libras esterlinas para pagar los salarios de sus trabajadores, para comprar la ropa de su esposa, o para comprar entradas de teatro. Para todos estos propósitos necesita dólares americanos. Por lo tanto, sus libras esterlinas no le sirven a menos que las utilice para comprar productos británicos o las venda a algún importador americano que desee utilizarlas para comprar productos británicos. Sea lo que sea que haga, la transacción no puede ser completada hasta que las exportaciones americanos hayan sido pagadas por una cantidad igual de importaciones.

La misma situación se daría si la transacción se hubiera realizado en dólares americanos en lugar de en libras esterlinas. El importador británico no podría pagar al exportador americano en dólares a menos que algún exportador británico anterior hubiera acumulado un crédito en dólares aquí como resultado de alguna venta anterior a nosotros. El cambio de divisas, en resumen, es una transacción de compensación en la que, en América, las deudas en dólares de los extranjeros se cancelan contra sus créditos en dólares. En Inglaterra, las deudas en libras esterlinas de los extranjeros se cancelan contra sus créditos en libras esterlinas.

No hay razón para entrar en los detalles técnicos de todo esto, que se pueden encontrar en cualquier buen libro de texto sobre divisas. Pero hay que señalar que no hay nada inherentemente misterioso en ello (a pesar del misterio en el que se envuelve tan a menudo), y que no difiere esencialmente de lo que ocurre en el comercio interno. Cada uno de nosotros debe también vender algo, aunque para la mayoría de nosotros se trate de nuestros propios servicios en lugar de bienes, para obtener el poder adquisitivo para comprar. El comercio interno también se lleva a cabo principalmente tachando los cheques y otras reclamaciones entre sí a través de los centros de compensación.

Es cierto que bajo el patrón oro internacional las discrepancias en los balances de las importaciones y exportaciones se resuelven a veces con envíos de oro. Pero también podrían resolverse con envíos de algodón, acero, whisky, perfume o cualquier otro producto. La principal diferencia es que la demanda de oro es casi indefinidamente expansible (en parte porque se piensa y se acepta como un «dinero» internacional residual en lugar de como una simple mercancía), y que las naciones no ponen obstáculos artificiales en el camino para recibir oro como lo hacen para recibir casi todo lo demás. (Por otro lado, en los últimos años se han dedicado a poner más obstáculos a la *exportación* de oro que a la de cualquier otra cosa: pero esa es otra historia).

Ahora bien, las mismas personas que pueden ser lúcidas y sensatas cuando el tema es de comercio interno, pueden ser increíblemente emocionales y confusas cuando se convierte en uno de comercio exterior. En este último campo pueden abogar seriamente o consentir en los principios que considerarían una locura aplicar en el comercio doméstico. Un ejemplo típico es la creencia de que el gobierno debería hacer enormes préstamos a países extranjeros para aumentar nuestras exportaciones, independientemente de que estos préstamos sean o no susceptibles de ser devueltos.

Los ciudadanos americanos, por supuesto, deberían poder prestar sus propios fondos en el extranjero a su propio riesgo. El gobierno no debería poner barreras arbitrarias en el camino de los préstamos privados a los países con los que estamos en paz. Deberíamos dar generosamente, sólo por razones humanitarias, a los pueblos que están en gran aflicción o en peligro de morir de hambre. Pero siempre debemos saber claramente lo que estamos haciendo. No es prudente hacer caridad con pueblos extranjeros bajo la impresión de que se está haciendo una transacción comercial obstinada sólo para los propios fines egoístas. Eso sólo podría conducir a malentendidos y malas relaciones más tarde.

Sin embargo, entre los argumentos presentados a favor de los grandes préstamos extranjeros, una falacia siempre ocupará un lugar prominente. Funciona así. Incluso si la mitad (o todos) los préstamos que hacemos a los países extranjeros se vuelven amargos y no se devuelven, esta nación seguirá estando mejor por haberlos hecho, porque darán un enorme impulso a nuestras exportaciones.

Debería ser obvio inmediatamente que si los préstamos que hacemos a países extranjeros para permitirles comprar nuestras mercancías no se devuelven, entonces estamos regalando las mercancías. Una nación no puede enriquecerse regalando mercancías. Sólo puede hacerse más pobre.

Nadie duda de esta proposición cuando se aplica en privado. Si una compañía de automóviles presta a un hombre 1.000 dólares para comprar un coche a ese precio, y el préstamo no se devuelve, la compañía de automóviles no está mejor porque haya «vendido» el coche. Simplemente ha perdido la cantidad que costó fabricar el coche. Si el coche cuesta 900 dólares para hacer, y sólo la mitad del préstamo se paga, entonces la compañía ha perdido 900 dólares menos 500, o una cantidad neta de 400 dólares. No ha recuperado en el comercio lo que perdió en los malos préstamos.

Si esta proposición es tan simple cuando se aplica a una empresa privada, ¿por qué la gente aparentemente inteligente se confunde al respecto cuando se aplica a una nación? La razón es que la transacción debe ser rastreada mentalmente a través de unas cuantas etapas más. Un grupo puede, en efecto, obtener ganancias, mientras que el resto de nosotros asume las pérdidas.

Es cierto, por ejemplo, que las personas que se dedican exclusiva o principalmente al negocio de la exportación pueden obtener ganancias sobre el saldo neto como resultado de préstamos incobrables hechos en el extranjero. La pérdida nacional de la transacción sería segura, pero podría distribuirse de manera difícil de seguir. Los prestamistas privados asumirían sus pérdidas directamente. Las pérdidas de los préstamos del gobierno se pagarían, en última instancia, con el aumento de los impuestos que se imponen a todo el mundo. Pero también habría muchas pérdidas indirectas causadas por el efecto en la economía de estas pérdidas directas.

A largo plazo, los negocios y el empleo en América se verían perjudicados, no ayudados, por los préstamos extranjeros que no se pagaran. Por cada dólar extra que los compradores extranjeros tenían para comprar productos americanos, los compradores nacionales tendrían finalmente un dólar menos. Por lo tanto, las empresas que dependen del comercio interno se verían perjudicadas a largo plazo tanto como las empresas de exportación. Incluso muchas de las empresas que se dedicaban a la exportación se verían perjudicadas en el balance neto. Las empresas automovilísticas americanas, por ejemplo, vendían antes de la guerra alrededor del 10% de su producción en el mercado exterior. No les beneficiaría duplicar sus ventas en el extranjero como resultado de malos préstamos extranjeros si perdieran, por ejemplo, el 20 por ciento de sus ventas en Estados Unidos como resultado de los impuestos añadidos cobrados a los compradores americanos para compensar los préstamos extranjeros impagados.

Nada de esto significa, repito, que no sea prudente hacer préstamos extranjeros, sino simplemente que no podemos hacernos ricos haciendo préstamos malos.

Por las mismas razones que es estúpido dar un falso estímulo al comercio de exportación haciendo malos préstamos o regalos a países extranjeros, es estúpido dar un falso estímulo al comercio de exportación a través de subvenciones a la exportación. En lugar de repetir la mayor parte del argumento anterior, dejo que el lector siga los efectos de las subvenciones a la exportación como he seguido los efectos de los malos préstamos. Una subvención a la exportación es un caso claro de dar al extranjero algo a cambio de nada, vendiéndole bienes por menos de lo que nos cuesta fabricarlos. Es otro caso de tratar de hacerse rico regalando cosas.

Los malos préstamos y las subvenciones a la exportación son ejemplos adicionales del error de considerar únicamente el efecto inmediato de una política en grupos especiales, y de no tener la paciencia o la inteligencia para rastrear los efectos a largo plazo de la política en todos.

CAPÍTULO 13

Precios de «paridad»

Los intereses especiales, como nos recuerda la historia de los aranceles, pueden pensar en las razones más ingeniosas por las que deberían ser objeto de una solicitud especial. Sus portavoces presentan un plan a su favor; y parece al principio tan absurdo que los escritores desinteresados no se molestan en exponerlo. Pero los intereses especiales siguen insistiendo en el plan. Su promulgación haría tanta diferencia para su propio bienestar inmediato que pueden permitirse contratar economistas entrenados y «expertos en relaciones públicas» para propagarlo en su nombre. El público escucha el argumento tan a menudo repetido, y acompañado de tal riqueza de imponentes estadísticas, gráficos, curvas y trozos de tarta, que pronto es aceptado. Cuando por fin los escritores desinteresados reconocen que el peligro de la promulgación del plan es real, suelen llegar demasiado tarde. No pueden en pocas semanas conocer el tema tan a fondo como los cerebros contratados que llevan años dedicándose a ello a tiempo completo; se les acusa de estar desinformados, y tienen el aire de hombres que presumen de disputar los axiomas.

Esta historia general servirá como historia de la idea de los precios «paritarios» de los productos agrícolas. Olvido el primer día en que apareció en un proyecto de ley; pero con el advenimiento del New Deal en 1933 se había convertido en un principio definitivamente establecido, promulgado en ley; y a medida que el año se sucedía y sus absurdos corolarios se ponían de manifiesto, también se promulgaban.

El argumento de los precios de «paridad» era más o menos así. La agricultura es la más básica e importante de todas las industrias. Debe ser preservada a toda costa. Además, la prosperidad de todos los demás depende de la prosperidad del agricultor. Si no tiene el poder adquisitivo para comprar los productos de la industria, la industria languidece. Esta fue la causa del colapso de 1929, o al menos de nuestro fracaso para recuperarnos de él. Porque los precios de los productos agrícolas cayeron violentamente, mientras que los precios de los productos industriales cayeron muy poco. El resultado fue que el granjero no pudo comprar productos industriales; los trabajadores de la ciudad fueron despedidos y no pudieron comprar productos agrícolas, y la depresión se extendió en círculos viciosos cada vez más amplios. Sólo había una cura, y era simple. Devolver los precios de los productos del granjero a una «paridad» con los precios de las cosas que el granjero compra. Esta paridad existió en el período de 1909 a 1914, cuando los agricultores eran prósperos. Esa relación de precios debe ser restaurada y preservada perpetuamente.

Tomaría demasiado tiempo, y nos llevaría demasiado lejos de nuestro punto principal, examinar cada absurdo escondido en esta declaración plausible. No hay ninguna razón sólida para tomar las relaciones de precios particulares que prevalecieron en un año o período determinado y considerarlas como sacrosantas, o incluso como necesariamente más «normales» que las de cualquier otro período. Incluso si fueron «normales» en su momento, ¿qué razón hay para suponer que estas mismas relaciones deben preservarse una generación más tarde a pesar de los enormes cambios en las condiciones de producción y demanda que han tenido lugar entretanto? El período de 1909 a 1914, como base de la «paridad», no fue seleccionado al azar. En términos de precios relativos fue uno de los períodos más favorables a la agricultura en toda nuestra historia.

Si hubiera habido alguna sinceridad o lógica en la idea, se

habría extendido universalmente. Si las relaciones de precios entre los productos agrícolas e industriales que prevalecieron desde agosto de 1909 hasta julio de 1914 deben ser preservadas perpetuamente, ¿por qué no preservar perpetuamente la relación de precios de cada producto básico en ese momento con todos los demás? Un automóvil de turismo Chevrolet de seis cilindros costaba 2.150 dólares en 1912; un sedán Chevrolet de seis cilindros incomparablemente mejorado costaba 907 dólares en 1942: ajustado a la «paridad» sobre la misma base que los productos agrícolas, sin embargo, habría costado 3.270 dólares en 1942. Una libra de aluminio de 1909 a 1913 inclusive costaba un promedio de 22 centavos; su precio a principios de 1946 era de 14 centavos; pero a «paridad» habría costado entonces, en cambio, 41 centavos.

Oigo inmediatamente gritos de que tales comparaciones son absurdas, porque todo el mundo sabe no sólo que el automóvil actual es incomparablemente superior en todos los sentidos al de 1912, sino que cuesta sólo una fracción de lo que cuesta producir, y que lo mismo es cierto también para el aluminio. Exactamente. ¿Pero por qué no se dice algo sobre el asombroso aumento de la productividad por acre en la agricultura? En el quinquenio 1939-1943 se cultivaron en promedio 260 libras de algodón por acre en los Estados Unidos, en comparación con un promedio de 188 libras en el quinquenio 1909-1913. Los costos de producción se han reducido sustancialmente para los productos agrícolas gracias a mejores aplicaciones de fertilizantes químicos, mejores cepas de semillas y una mayor mecanización — por el tractor de gasolina, el desgranador de maíz, el recogedor de algodón. «En algunas grandes granjas que han sido completamente mecanizadas y que funcionan a lo largo de líneas de producción en masa, sólo se requiere de un tercio a una quinta parte de la cantidad de mano de obra para producir los mismos rendimientos que hace unos años»[2]. Sin embargo, todo esto es ignorado por los apóstoles de la «paridad» de precios.

La negativa a universalizar el principio no es la única prueba de que no se trata de un plan económico de carácter público sino de un mero dispositivo para subvencionar un interés especial. Otra prueba es que cuando los precios agrícolas *superan* la «paridad», o son forzados a ello por políticas gubernamentales, no hay ninguna exigencia por parte del bloque agrícola en el Congreso de que esos precios se *reduzcan* a la «paridad», o que el subsidio sea reembolsado en esa medida. Es una regla que funciona sólo de una manera.

Dejando de lado todas estas consideraciones, volvamos a la falacia central que nos concierne especialmente aquí. Este es el argumento de que si el agricultor obtiene precios más altos por sus productos puede comprar más godos de la industria y así hacer que la industria sea próspera y traiga pleno empleo. No importa a este argumento, por supuesto, si el agricultor obtiene específicamente los llamados precios de «paridad».

Todo, sin embargo, depende de cómo se consiguen estos precios más altos. Si son el resultado de una reactivación general, si se derivan del aumento de la prosperidad de las empresas, del aumento de la producción industrial y del aumento del poder adquisitivo de los trabajadores de la ciudad (no provocado por la inflación), entonces pueden significar efectivamente un aumento de la prosperidad y de la producción no sólo para los agricultores, sino para todos. Pero lo que estamos discutiendo es un aumento de los precios de los productos agrícolas provocado por la intervención del gobierno. Esto puede hacerse de varias maneras. El precio más alto puede ser forzado por mero edicto, que es el método menos factible. Puede ser provocado por la disposición del gobierno a comprar todos los productos agrícolas que se le ofrecen al precio de «paridad». Puede lograrse mediante el préstamo del gobierno a los agricultores de suficiente dinero en sus cosechas para que puedan mantenerlas fuera del mercado hasta que se alcance la «paridad» o un precio más alto. Puede lograrse mediante la aplicación por parte del gobierno de restricciones en el tamaño de los cultivos. Puede lograrse, como a menudo ocurre en la práctica, mediante una combinación de estos métodos. Por el momento, simplemente asumiremos que, por cualquier método, se produce en cualquier caso.

¿Cuál es el resultado? Los agricultores obtienen precios más altos por sus cosechas. Su «poder adquisitivo» se incrementa. Por el momento, son más prósperos y compran más productos de la industria. Todo esto es lo que ven los que sólo miran las consecuencias inmediatas de las políticas para los grupos directamente involucrados.

Pero hay otra consecuencia, no menos inevitable. Supongamos que el trigo que de otra manera se vendería a 1 dólar por fanega se eleva por esta política a 1,50 dólares. El granjero obtiene 50 centavos más por bushel de trigo. Pero el trabajador de la ciudad, con el mismo cambio, *paga* 50 centavos más por el trigo en un aumento del precio del pan. Lo mismo ocurre con cualquier otro producto agrícola. Si el agricultor tiene 50 centavos más de poder adquisitivo para comprar productos industriales, el trabajador de la ciudad tiene precisamente ese poder adquisitivo mucho menor para comprar productos industriales. En balance neto la industria en general no ha ganado nada. Pierde en las ventas de la ciudad precisamente tanto como gana en las ventas rurales.

Por supuesto, hay un cambio en la incidencia de estas ventas. Sin duda, los fabricantes de implementos agrícolas y las casas de venta por correo hacen un mejor negocio. Pero los grandes almacenes de la ciudad hacen un negocio más pequeño.

El asunto, sin embargo, no termina aquí. La política no sólo no da como resultado una ganancia neta, sino una pérdida neta. Porque no significa simplemente una transferencia de poder adquisitivo al granjero de los consumidores de la ciudad, o del contribuyente general, o de ambos. También significa un recorte forzado en la producción de productos agrícolas para subir el precio. Esto significa una destrucción de la riqueza. Significa que hay menos alimentos para ser consumidos. La forma en que se produzca esta destrucción de la riqueza dependerá del método concreto que se aplique para subir los precios. Puede significar la destrucción física real de lo que ya se ha producido, como en la quema de café en Brasil. Puede significar una restricción forzada de la superficie, como en el plan americano AAA. Examinaremos el efecto de algunos de estos métodos cuando lleguemos a la discusión más amplia de los controles gubernamentales de productos básicos.

Pero aquí puede señalarse que cuando el agricultor reduce la producción de trigo para obtener la «paridad», puede obtener un precio más alto por cada fanega, pero produce y vende menos fanegas. El resultado es que sus ingresos no aumentan en proporción a sus precios. Incluso algunos de los defensores de los «*precios* de paridad» lo reconocen y lo utilizan como argumento para insistir en la «renta de paridad» para los agricultores. Pero esto sólo puede lograrse mediante un subsidio a expensas directas de los contribuyentes. En otras palabras, para ayudar a los agricultores sólo se reduce aún más el poder adquisitivo de los trabajadores de la ciudad y otros grupos.

Hay un argumento a favor de los precios «paritarios» que debe ser tratado antes de dejar el tema. Es presentado por algunos de los defensores más sofisticados. «Sí», admitirán libremente, «los argumentos económicos para los precios de paridad son poco sólidos». Tales precios son un privilegio especial. Son una imposición para el consumidor. ¿Pero no es el arancel una imposición para el agricultor? ¿No tiene que pagar precios más altos en los productos industriales por ello? No serviría de nada poner un arancel compensatorio a los productos agrícolas, porque América es un exportador neto de productos agrícolas. Ahora el sistema de paridad de precios es el equivalente del arancel para el agricultor. Es la única manera justa de nivelar las cosas».

Los agricultores que pidieron precios «paritarios» tenían una queja legítima. El arancel protector les perjudicó más de lo que sabían. Al reducir las importaciones industriales también redujo las exportaciones agrícolas americanas, porque impidió que las naciones extranjeras obtuvieran el cambio de dólar necesario para tomar nuestros productos agrícolas. Y provocó represalias arancelarias en otros países. Sin embargo, el argumento que acabamos de citar no será examinado. Es erróneo incluso en su declaración implícita de los hechos. No hay un arancel *general* sobre todos los productos «industriales» o sobre todos los productos no agrícolas. Hay decenas de industrias nacionales o de industrias exportadoras que no tienen protección arancelaria. Si el trabajador de la ciudad tiene que pagar un precio más alto por mantas o abrigos de lana a causa de un arancel, ¿está «compensado» por tener que pagar un precio más alto también por la ropa de algodón y por los alimentos? ¿O simplemente se le roba dos veces?.

Emparejemos todo, digamos algunos, dando igual «protección» a todos. Pero eso es insoluble e imposible. Incluso si suponemos que el problema puede ser resuelto técnicamente —un arancel para A, un industrial sujeto a la competencia extranjera; una subvención para B, un industrial que exporta su producto— sería imposible proteger o subvencionar a todos «justamente» o igualmente. Tendríamos que dar a todos el mismo porcentaje (¿o sería la misma cantidad en dólares?) de protección o subvención arancelaria, y nunca podríamos estar seguros de cuándo estamos duplicando los pagos a algunos grupos o dejando lagunas con otros.

Pero supongamos que pudiéramos resolver este fantástico problema. ¿Qué sentido tendría? ¿Quién gana cuando todos subvencionan por igual a todos los demás? ¿Cuál es la ganancia cuando todos pierden en impuestos añadidos precisamente lo que ganan por su subsidio o su protección? Sólo deberíamos haber añadido un ejército de burócratas innecesarios para llevar a cabo el programa, con todos ellos perdidos en la producción.

Podríamos resolver el asunto de forma sencilla, por otro lado, acabando con el sistema de paridad de precios y el sistema de aranceles protectores. Mientras tanto, en combinación, no igualan nada. El sistema conjunto significa simplemente que el granjero A y el industrial B se benefician a expensas del hombre C olvidado.

Así que los supuestos beneficios de otro esquema se evaporan tan pronto como rastreamos no sólo sus efectos inmediatos en un grupo especial sino sus efectos a largo plazo en todos.

CAPÍTULO 14

Rescatando a la industria X

Los vestíbulos del Congreso están llenos de representantes de la industria X. La industria X está enferma. La industria X está muriendo. Debe ser salvada. Sólo puede salvarse mediante un arancel, precios más altos o un subsidio. Si se permite que muera, los trabajadores serán arrojados a las calles. Sus propietarios, tenderos, carniceros, tiendas de ropa, y cines locales perderán negocios, y la depresión se extenderá en círculos cada vez más amplios. Pero si la industria X, por la pronta acción del Congreso, se salva —¡ah entonces! comprará equipos de otras industrias; más hombres serán empleados; darán más negocios a los carniceros, panaderos, y fabricantes de luces de neón, y entonces es la prosperidad que se extenderá en círculos cada vez más amplios.

Es obvio que esto es simplemente una forma generalizada del caso que acabamos de considerar. Allí la industria X era la agricultura. Pero hay un sinfín de industrias X. Dos de los ejemplos más notables de los últimos años han sido las industrias del carbón y la plata. Para «salvar la plata» el Congreso hizo un inmenso daño. Uno de los argumentos para el plan de rescate fue que ayudaría a «el Este». Uno de sus resultados reales fue causar la deflación en China, que había sido sobre la base de la plata, y forzar a China a salir de esa base. El Tesoro de los Estados Unidos se vio obligado a adquirir, a precios ridículos muy por encima del nivel del mercado, acumulaciones de plata innecesaria, y a almacenarla en bóvedas. Los objetivos políticos esenciales de los «Senadores de la plata» podrían haberse alcanzado también, a una fracción del daño y del costo, mediante el pago de un franco subsidio a los propietarios de las minas o a sus trabajadores; pero el Congreso y el país nunca habrían aprobado un robo desnudo de este tipo sin el acompañamiento de la argucia ideológica respecto del «papel esencial de la plata en la moneda nacional».

Para salvar la industria del carbón, el Congreso aprobó la Ley Guffey, en virtud de la cual los propietarios de las minas de carbón no sólo estaban autorizados, sino obligados, a conspirar juntos para no vender por debajo de ciertos precios mínimos fijados por el gobierno. Aunque el Congreso había empezado a fijar «el» precio del carbón, el gobierno pronto se encontró (debido a los diferentes tamaños, miles de minas y envíos a miles de destinos diferentes por ferrocarril, camión, barco y barcaza) fijando 350.000 precios distintos para el ¡carbón![3]. Un efecto de este intento de mantener los precios del carbón por encima del nivel del mercado competitivo fue acelerar la tendencia a la sustitución por parte de los consumidores de otras fuentes de energía o calor —como el petróleo, el gas natural y la energía hidroeléctrica.

Pero nuestro objetivo aquí no es rastrear todos los resultados que siguieron históricamente de los esfuerzos para salvar industrias particulares, sino rastrear algunos de los principales resultados que deben necesariamente seguir a los esfuerzos para salvar una industria.

Se puede argumentar que una industria determinada debe ser creada o preservada por razones militares. Puede argumentarse que una industria determinada está siendo arruinada por impuestos o tasas salariales desproporcionadas con respecto a las de otras industrias; o que, si se trata de una empresa de servicios públicos, está siendo obligada a operar con tasas o cargos al público que no permiten un margen de beneficio adecuado. Esos argumentos pueden o no estar justificados en un caso concreto. No nos interesan aquí. Sólo nos interesa un único argumento para salvar la industria X: que si se permite que se reduzca su tamaño o que perezca a causa de las fuerzas de la libre competencia (siempre, por los portavoces de la industria, designados en tales casos como un *laissez-faire*, anárquico, degollador, perro-come-perro, competencia de la ley de la selva) derribará la economía general con ella, y que si se mantiene viva artificialmente ayudará a todos los demás.

De lo que estamos hablando aquí no es otra cosa que un caso generalizado del argumento presentado para los precios «paritarios» de los productos agrícolas o para la protección arancelaria de cualquier número de industrias X. El argumento contra los precios artificialmente más altos se aplica, por supuesto, no sólo a los productos agrícolas sino a cualquier otro producto, al igual que las razones que hemos encontrado para oponerse a la protección arancelaria para una industria se aplican a cualquier otra.

Pero siempre hay un número de planes para salvar las industrias X. Hay dos tipos principales de tales propuestas además de las que ya hemos considerado, y les echaremos un breve vistazo. Una es sostener que la industria X ya está «superpoblada», y tratar de evitar que otras empresas o trabajadores entren en ella. El otro es argumentar que la industria X necesita ser apoyada por un subsidio directo del gobierno.

Ahora bien, si la industria X está realmente superpoblada en comparación con otras industrias, no necesitará ninguna legislación coercitiva para mantener fuera nuevos capitales o nuevos trabajadores. El nuevo capital no se precipita en industrias que obviamente están muriendo. Los inversionistas no buscan ansiosamente las industrias que presentan los mayores riesgos de pérdida combinados con los menores retornos. Tampoco los trabajadores, cuando tienen una alternativa mejor, van a las industrias donde los salarios son más bajos y las perspectivas de empleo estable menos prometedoras.

Si el nuevo capital y la nueva mano de obra son mantenidos a la fuerza fuera de la industria X, sin embargo, ya sea por los monopolios, los cárteles, la política sindical o la legislación, se priva a este capital y a esta mano de obra de la libertad de elección. Obliga a los inversores a colocar su dinero donde los beneficios les parecen menos prometedores que en la industria X. Obliga a los trabajadores a entrar en industrias con salarios y perspectivas aún más bajas que las que podrían encontrar en la supuesta industria X enferma. Significa, en resumen, que tanto el capital como la mano de obra se emplean de manera menos eficiente que si se les permitiera elegir libremente. Significa, por lo tanto, una disminución de la producción que debe reflejarse en un menor nivel de vida medio.

Ese nivel de vida más bajo se producirá ya sea por salarios medios monetarios más bajos que los que prevalecerían de otro modo, ya sea por un costo medio de vida más alto, o por una combinación de ambos. (El resultado exacto dependería de la política monetaria que la acompañe.) Mediante estas políticas restrictivas, los salarios y los rendimientos del capital podrían, en efecto, mantenerse más altos que de otro modo dentro de la propia industria X; pero los salarios y los rendimientos del capital en otras industrias se verían forzados a bajar más que de otro modo. La industria X se beneficiaría sólo a expensas de las industrias A, B y C.

Resultados similares seguirían a cualquier intento de salvar la industria X mediante una subvención directa de la caja pública. Esto no sería más que una transferencia de riqueza o ingresos a la industria X. Los contribuyentes perderían precisamente tanto como la gente de la industria X ganó. La gran ventaja de un subsidio, de hecho, desde el punto de vista del público, es que deja este hecho tan claro. Hay muchas menos oportunidades para la ofuscación intelectual que acompaña a los argumentos a favor de las tarifas, la fijación de precios mínimos o la exclusión monopolística.

Es obvio que en el caso de un subsidio, los contribuyentes deben perder precisamente tanto como la industria X gana. Debe quedar igualmente claro que, como consecuencia, otras industrias deben perder lo que la industria X gana. Deben pagar parte de los impuestos que se utilizan para apoyar a la industria X. Y a los consumidores, debido a que son gravados para apoyar la industria X, les quedará mucho menos ingresos con los que comprar otras cosas. El resultado debe ser que otras industrias en promedio deben ser más pequeñas que de otra manera para que la industria X pueda ser más grande.

Pero el resultado de esta subvención no es simplemente que haya habido una transferencia de riqueza o de ingresos, o que otras industrias se hayan reducido en conjunto tanto como la industria X se ha expandido. El resultado es también (y aquí es donde la pérdida neta entra en la nación considerada como una unidad) que el capital y la mano de obra son expulsados de las industrias en las que están empleados más eficientemente para ser desviados a una industria en la que están empleados de manera menos eficiente. Se crea menos riqueza. El nivel de vida promedio se reduce en comparación con lo que hubiera sido.

Estos resultados son prácticamente inherentes, de hecho, a los mismos argumentos presentados para subvencionar la industria X. La industria X está disminuyendo o muriendo por la contención de sus amigos. ¿Por qué, se puede preguntar, se debe mantener viva mediante la respiración artificial? La idea de que una economía en expansión implica que todas las industrias deben expandirse simultáneamente es un profundo error. Para que las nuevas industrias crezcan lo suficientemente rápido es necesario que algunas viejas industrias se reduzcan o mueran. Deben hacerlo para liberar el capital y la mano de obra necesarios para las nuevas industrias. Si hubiéramos tratado de mantener el comercio de caballos y carros artificialmente vivo, habríamos frenado el crecimiento de la industria automotriz y todos los oficios que dependen de ella. Deberíamos haber reducido la producción de riqueza y retrasado el progreso económico y científico.

Sin embargo, hacemos lo mismo cuando tratamos de evitar la muerte de cualquier industria para proteger la mano de obra ya formada o el capital ya invertido en ella. Por paradójico que pueda parecer a algunos, es tan necesario para la salud de una economía dinámica que se permita morir a las industrias moribundas como que se permita crecer a las industrias en crecimiento. El primer proceso es esencial para el segundo. Es tan tonto tratar de preservar las industrias obsoletas como tratar de preservar los métodos de producción obsoletos: esto es a menudo, de hecho, sólo dos maneras de describir la misma cosa. Los métodos de producción mejorados deben sustituir constantemente a los métodos obsoletos, si se quiere satisfacer tanto las viejas necesidades como los nuevos deseos con mejores productos y mejores medios.

CAPÍTULO 15

Cómo funciona el sistema de precios

Todo el argumento de este libro puede resumirse en la afirmación de que al estudiar los efectos de cualquier propuesta económica dada debemos trazar no sólo los resultados inmediatos sino los resultados a largo plazo, no sólo las consecuencias primarias sino las secundarias, y no sólo los efectos sobre algún grupo especial sino los efectos sobre todos. De ello se deduce que es una tontería y un engaño concentrar nuestra atención meramente en algún punto especial, para examinar, por ejemplo, meramente lo que ocurre en una industria sin considerar lo que ocurre en todas. Pero es precisamente del hábito persistente y perezoso de pensar sólo en alguna industria o proceso en particular de manera aislada que se derivan las principales falacias de la economía. Estas falacias impregnan no sólo los argumentos de los portavoces contratados de intereses especiales, sino los argumentos incluso de algunos economistas que pasan como profundos.

Es en la falacia del aislamiento, en el fondo, en lo que se basa la escuela de «producción para uso y sin fines de lucro», con su ataque al supuestamente vicioso «sistema de precios». El problema de la producción, dicen los adherentes de esta escuela, está resuelto. (Este rotundo error, como veremos, es también el punto de partida de la mayoría de los charlatanes de la moneda y de la riqueza compartida). El problema de la producción está resuelto. Los científicos, los expertos en eficiencia, los ingenieros, los técnicos, lo han resuelto. Podrían producir casi cualquier cosa que se mencione en cantidades enormes y prácticamente ilimitadas. Pero, por desgracia, el mundo no está gobernado por los ingenieros, pensando sólo en la producción, sino por los empresarios, pensando sólo en el beneficio. Los empresarios dan sus órdenes a los ingenieros, en lugar de viceversa. Estos hombres de negocios producirán cualquier objeto mientras haya un beneficio al hacerlo, pero en el momento en que ya no haya beneficio al hacer ese artículo, los malvados hombres de negocios dejarán de hacerlo, aunque los deseos de mucha gente no se vean satisfechos, y el mundo esté pidiendo a gritos más bienes.

Hay tantas falacias en este punto de vista que no se pueden desenredar todas a la vez. Pero el error central, como hemos insinuado, proviene de mirar a una sola industria, o incluso a varias industrias a la vez, como si cada una de ellas existiera de forma aislada. Cada una de ellas existe de hecho en relación con todas las demás, y cada decisión importante que se toma en ella se ve afectada y afecta a las decisiones tomadas en todas las demás.

Podemos entender esto mejor si entendemos el problema básico que los negocios colectivamente tienen que resolver. Para simplificarlo al máximo, consideremos el problema que enfrenta un Robinson Crusoe en su isla desierta. Sus deseos al principio parecen interminables. Está empapado por la lluvia; tiembla de frío; sufre de hambre y de sed. Necesita todo: agua potable, comida, un techo sobre su cabeza, protección contra los animales, un fuego, un lugar suave para tumbarse. Es imposible para él satisfacer todas estas necesidades de una sola vez; no tiene tiempo, energía o recursos. Debe atender inmediatamente a la necesidad más apremiante. Sufre más, digamos, de sed. Ahueca un lugar en la arena para recoger el agua de lluvia, o construye algún receptáculo crudo. Sin embargo, cuando sólo tiene un pequeño suministro de agua, debe buscar comida antes de intentar mejorarlo. Puede intentar pescar, pero para ello necesita un anzuelo y un sedal, o una red, y debe ponerse a trabajar en ellos. Pero todo lo que hace lo retrasa o le impide hacer algo más que sea un poco menos urgente. Se enfrenta constantemente al problema de las aplicaciones *alternativas* de su tiempo y trabajo.

La familia suiza Robinson, tal vez, encuentra este problema un poco más fácil de resolver. Tiene más bocas que alimentar, pero también tiene más manos para trabajar para ellas. Puede practicar la división y especialización del trabajo. El padre caza; la madre prepara la comida; los niños recogen leña. Pero ni siquiera la familia puede permitirse que uno de sus miembros haga infinitamente lo mismo, independientemente de la relativa urgencia de la necesidad común que abastece y de la urgencia de otras necesidades aún no satisfechas. Cuando los niños han recogido una cierta pila de leña, no pueden ser utilizados simplemente para aumentar la pila. Pronto es el momento de que uno de ellos sea enviado, por ejemplo, para obtener más agua. La familia también tiene el problema constante de elegir entre aplicaciones *alternativas de mano de* obra, y, si tiene la suerte de haber adquirido armas, aparejos de pesca, un barco, hachas, sierras, etc., de elegir entre aplicaciones alternativas de mano de obra y capital. Se consideraría una tontería indescriptible que el miembro de la familia que recoge leña se quejara de que podría recoger más leña si su hermano le ayudara todo el día, en lugar de conseguir el pescado que se necesita para la cena familiar. Se reconoce claramente en el caso de un individuo o familia aislado que una ocupación *sólo* puede expandirse *a expensas de todas las demás ocupaciones*.

Las ilustraciones elementales como esta son a veces ridiculizadas como «Economía de Crusoe». Desafortunadamente, son más ridiculizadas por aquellos que más las necesitan, que no entienden el principio particular ilustrado incluso en esta forma simple, o que pierden completamente el rastro de ese principio cuando vienen a examinar las desconcertantes complicaciones de una gran sociedad económica moderna.

Volvamos ahora a esa sociedad. ¿Cómo se resuelve el problema de las aplicaciones alternativas del trabajo y el capital, para satisfacer miles de necesidades y deseos de diferentes urgencias, en tal sociedad? Se resuelve precisamente a través del sistema de precios. Se resuelve a través de las interrelaciones constantemente cambiantes de los costos de producción, precios y beneficios.

Los precios se fijan por medio de la relación entre la oferta y la demanda, y a su vez afectan a la oferta y la demanda. Cuando la gente quiere más de un artículo, ofrece más por él. El precio sube. Esto aumenta los beneficios de los que hacen el artículo. Debido a que ahora es más rentable hacer ese artículo que otros, las personas que ya están en el negocio expanden su producción del mismo, y más gente es atraída al negocio. Este aumento de la oferta reduce entonces el precio y reduce el margen de beneficio, hasta que el margen de beneficio de ese artículo cae una vez más al nivel general de beneficios (se consideran los riesgos relativos) en otras industrias. O bien la demanda de ese artículo puede disminuir; o bien la oferta de ese artículo puede aumentar hasta tal punto que su precio descienda a un nivel en el que haya menos beneficios en su fabricación que en la de otros artículos; o tal vez haya una pérdida real en su fabricación. En este caso, los productores «marginales», es decir, los productores menos eficientes, o cuyos costos de producción son más elevados, serán expulsados del negocio por completo. El producto será fabricado ahora sólo por los productores más eficientes que operan con costos más bajos. La oferta de ese producto básico también disminuirá, o al menos dejará de expandirse. Este proceso es el origen de la creencia de que los precios están determinados por los costos de producción. La doctrina, enunciada de esta forma, no es cierta. Los precios están determinados por la oferta y la demanda, y la demanda está determinada por la intensidad con la que la gente quiere un producto básico y lo que tiene que ofrecer a cambio de él. Es cierto que la oferta está en parte determinada por los costos de producción. Lo que *ha costado* producir un producto básico en el pasado no puede determinar su valor. Eso dependerá de la relación *actual entre la oferta* y la demanda. Pero las expectativas de los empresarios sobre lo que *costará* producir un producto básico en el futuro, y cuál será su precio futuro, determinará cuánto se fabricará. Esto afectará a la oferta futura. Por lo tanto, existe una tendencia constante a que el precio de un producto básico y su costo marginal de producción se *igualen*, pero no porque ese costo marginal de producción determine directamente el precio.

El sistema de la empresa privada, por lo tanto, podría compararse con miles de máquinas, cada una de ellas regulada por su propio gobernador cuasi automático, pero con estas máquinas y sus gobernadores todos interconectados e influyéndose mutuamente, de modo que actúan en efecto como una gran máquina. La mayoría de nosotros debe haber notado el «gobernador» automático en una máquina de vapor. Normalmente consiste en dos bolas o pesos que funcionan por fuerza centrífuga. A medida que la velocidad de la máquina aumenta, estas bolas se alejan de la varilla a la que están sujetas y así automáticamente estrechan o cierran una válvula de mariposa que regula la entrada de vapor y por lo tanto ralentiza la máquina. Si el motor va demasiado lento, por otro lado, las bolas caen, ensanchan la válvula de mariposa y aumentan la velocidad del motor. Así, cada desviación de la velocidad deseada pone en marcha por sí misma las fuerzas que tienden a corregir esa desviación.

Es precisamente de esta manera que la oferta relativa de miles de productos básicos diferentes se regula bajo el sistema de la empresa privada competitiva. Cuando la gente quiere más de un producto básico, su licitación competitiva aumenta su precio. Esto aumenta los beneficios de los productores que fabrican ese producto. Esto los estimula a aumentar su producción. Lleva a otros a dejar de fabricar algunos de los productos que antes hacían, y a dedicarse a fabricar el producto que les ofrece el mejor rendimiento. Pero esto aumenta la oferta de ese producto al mismo tiempo que reduce la oferta de algunos otros productos. Por lo tanto, el precio de ese producto cae en relación con el precio de otros productos, y el estímulo al aumento relativo de su producción desaparece.

De la misma manera, si la demanda de algún producto cae, su precio y el beneficio de hacerlo bajar, y su producción disminuye. Es este último hecho el que escandaliza a quienes no entienden el «sistema de precios» que denuncian. Lo acusan de crear escasez. ¿Por qué, se preguntan indignados, los fabricantes deben cortar la producción de zapatos en el punto en el que ya no es rentable producir más? ¿Por qué deberían guiarse simplemente por sus propios beneficios? ¿Por qué deberían guiarse por el mercado? ¿Por qué no producen zapatos a «plena capacidad de los procesos técnicos modernos»? El sistema de precios y la empresa privada, concluyen los filósofos de la «producción para el uso», no son más que una forma de «economía de la escasez».

Estas preguntas y conclusiones se derivan de la falacia de mirar a una industria de forma aislada, de mirar al árbol e ignorar el bosque. Hasta cierto punto es necesario producir zapatos. Pero también es necesario producir abrigos, camisas, pantalones, casas, arados, palas, fábricas, puentes, leche y pan. Sería una idiotez seguir amontonando montañas de excedentes de zapatos, simplemente porque podemos hacerlo, mientras que cientos de necesidades más urgentes quedan sin cubrir.

Ahora, en una economía en equilibrio, una industria determinada sólo puede expandirse *a expensas de otras industrias*. Porque en cualquier momento los factores de producción son limitados. Una industria sólo puede expandirse *desviando* a ella mano de obra, tierra y capital que de otra manera sería empleado en otras industrias. Y cuando una industria dada se contrae, o deja de expandir su producción, no significa necesariamente que haya habido una disminución neta en la producción agregada. La contracción en ese punto puede haber simplemente *liberado mano de obra* y capital para *permitir la expansión de otras industrias*. Es erróneo concluir, por lo tanto, que una contracción de la producción en una línea significa necesariamente una contracción en la producción *total*.

Todo, en resumen, se produce a expensas de renunciar a otra cosa. Los costos de producción en sí mismos, de hecho, podrían definirse como las cosas a las que se renuncia (el ocio y los placeres, las materias primas con usos potenciales alternativos) para crear la cosa que se hace.

De ello se desprende que es tan esencial para la salud de una economía dinámica que se permita la muerte de las industrias moribundas como que se permita el crecimiento de las industrias en crecimiento. Porque las industrias moribundas absorben mano de obra y capital que deberían ser liberados para las industrias en crecimiento. Sólo el sistema de precios tan vilipendiado resuelve el problema enormemente complicado de decidir precisamente cuánto de las decenas de miles de diferentes productos y servicios deben producirse en relación con los demás. Estas ecuaciones, por lo demás desconcertantes, se resuelven de forma casi automática mediante el sistema de precios, beneficios y costes. Se resuelven por este sistema incomparablemente mejor de lo que cualquier grupo de burócratas podría resolverlas. Porque se resuelven con un sistema en el que cada consumidor hace su propia demanda y emite un nuevo voto, o una docena de nuevos votos, cada día; mientras que los burócratas tratarían de resolverlas haciendo para los consumidores, no lo que los propios consumidores querían, sino lo que los burócratas decidían que era bueno para ellos.

Sin embargo, aunque los burócratas no entienden el sistema cuasi-automático del mercado, siempre se ven perturbados por él. Siempre están tratando de mejorarlo o corregirlo, generalmente en interés de algún grupo de presión que se queja.

Cuáles son algunos de los resultados de su intervención, los examinaremos en los capítulos siguientes.

CAPÍTULO 16

«Estabilizando» mercancías

Los intentos de elevar permanentemente los precios de determinados productos básicos por encima de sus niveles naturales de mercado han fracasado con tanta frecuencia, de manera tan desastrosa y tan notoria que los sofisticados grupos de presión, y los burócratas a los que presionan, rara vez reconocen abiertamente ese objetivo. Sus objetivos declarados, en particular cuando proponen por primera vez que el gobierno intervenga, suelen ser más modestos y más plausibles.

No desean, declaran, elevar el precio del producto básico X permanentemente por encima de su nivel natural. Eso, admiten, sería injusto para los consumidores. Pero *ahora, obviamente, se está* vendiendo muy *por debajo de* su nivel natural. Los productores no pueden ganarse la vida. A menos que actuemos con prontitud, serán expulsados del negocio. Entonces habrá una verdadera escasez, y los consumidores tendrán que pagar precios exorbitantes por la mercancía. Las aparentes gangas que los consumidores están obteniendo ahora les costarán caro al final. Por el momento, el bajo precio «temporal» no puede durar. Pero no podemos permitirnos esperar a que las llamadas fuerzas naturales del mercado, o a la ley «ciega» de la oferta y la demanda, corrijan la situación. Porque para entonces los productores estarán arruinados y una gran escasez estará sobre nosotros. El gobierno debe *actuar*. Todo lo que realmente queremos hacer es corregir estas violentas e insensatas *fluctuaciones de* precios. No estamos tratando de *aumentar* el precio, sólo estamos tratando de estabilizarlo.

Hay varios métodos por los que se propone comúnmente hacer esto. Uno de los más frecuentes son los préstamos del gobierno a los agricultores para que puedan mantener sus cultivos fuera del mercado.

El Congreso insta a que se concedan esos préstamos por razones que parecen muy plausibles para la mayoría de los oyentes. Se les dice que las cosechas de los agricultores se vierten en el mercado a la vez, en el momento de la cosecha; que es precisamente el momento en que los precios son más bajos, y que los especuladores se aprovechan de ello para comprar las cosechas ellos mismos y mantenerlas a precios más altos cuando los alimentos vuelven a escasear. Por lo tanto, se insta a los agricultores a que sufran y a que sean ellos, y no los especuladores, quienes obtengan la ventaja del precio medio más alto.

Este argumento no se apoya ni en la teoría ni en la experiencia. Los tan vilipendiados especuladores no son el enemigo del agricultor; son esenciales para su mejor bienestar. Los riesgos de la fluctuación de los precios agrícolas deben ser asumidos por alguien; de hecho, en los tiempos modernos han sido asumidos principalmente por los especuladores profesionales. En general, cuanto más competentes son estos últimos en su propio interés como especuladores, más ayudan al agricultor. Pues los especuladores sirven a sus propios intereses precisamente en proporción a su capacidad de prever los precios futuros. Pero cuanto más exactamente prevén los precios futuros, menos violentas o extremas son las fluctuaciones de los precios.

Por lo tanto, aunque los agricultores tuvieran que arrojar toda su cosecha de trigo al mercado en un solo mes del año, el precio de ese mes no sería necesariamente inferior al de cualquier otro mes (aparte de una asignación para los gastos de almacenamiento). Para los especuladores, con la esperanza de obtener un beneficio, harían la mayor parte de sus compras en ese momento. Seguirían comprando hasta que el precio subiera hasta un punto en el que no vieran más oportunidades de obtener beneficios en el futuro. Venderían cuando pensaran que había una perspectiva de pérdidas futuras. El resultado sería estabilizar el precio de los productos agrícolas durante todo el año.

Es precisamente porque existe una clase profesional de especuladores para tomar estos riesgos que los agricultores y molineros no necesitan tomarlos. Estos últimos pueden protegerse a través de los mercados. Por lo tanto, en condiciones normales, cuando los especuladores hacen bien su trabajo, los beneficios de los agricultores y molineros dependerán principalmente de su habilidad e industria en la agricultura o la molienda, y no de las fluctuaciones del mercado.

La experiencia real muestra que, en promedio, el precio del trigo y de otros cultivos no perecederos se mantiene igual durante todo el año, salvo por una asignación para gastos de almacenamiento y seguro. De hecho, algunas investigaciones cuidadosas han demostrado que el aumento mensual medio después de la época de la cosecha no ha sido suficiente para pagar esos gastos de almacenamiento, por lo que los especuladores han subvencionado realmente a los agricultores. Esto, por supuesto, no era su intención: ha sido simplemente el resultado de una persistente tendencia al exceso de optimismo por parte de los especuladores. (Esta tendencia parece afectar a los empresarios en la mayoría de las actividades competitivas: como clase están constantemente, en contra de la intención, subvencionando a los consumidores. Esto es particularmente cierto cuando existen perspectivas de grandes ganancias especulativas. Así como los suscriptores de una lotería, considerados como una unidad, pierden dinero porque cada uno tiene la esperanza injustificada de sortear uno de los pocos premios espectaculares, así se ha calculado que el total de la mano de obra y el capital volcado en la prospección de oro o petróleo ha superado el valor total del oro o el petróleo extraído).

Sin embargo, el caso es diferente cuando el Estado interviene y compra por sí mismo los cultivos de los agricultores o les presta el dinero para mantener los cultivos fuera del mercado. Esto se hace a veces en nombre del mantenimiento de lo que se llama plausiblemente un «granero siempre normal». Pero la historia de los precios y los traspasos anuales de las cosechas muestra que esta función, como hemos visto, ya está siendo bien realizada por los mercados libres organizados privadamente. Cuando el gobierno interviene, el «granero siempre normal» se convierte de hecho en un granero siempre político. Se anima al agricultor, con el dinero de los contribuyentes, a retener sus cosechas en exceso. Como desean asegurarse de conservar el voto del agricultor, los políticos que inician la política, o los burócratas que la llevan a cabo, ponen siempre el llamado precio «justo» del producto del agricultor por encima del precio que las condiciones de la oferta y la demanda en ese momento justifican. Esto lleva a una caída de los compradores. Por lo tanto, el «granero siempre normal» tiende a convertirse en un granero siempre anormal.

El exceso de existencias se mantiene fuera del mercado. El efecto de esto es asegurar temporalmente un precio más alto del que existiría de otro modo, pero hacerlo sólo al provocar más tarde un precio mucho más bajo del que habría existido de otro modo. La escasez artificial acumulada este año por la retención de parte de una cosecha en el mercado significa un excedente artificial el año siguiente.

Nos llevaría demasiado lejos describir en detalle lo que realmente sucedió cuando este programa se aplicó, por ejemplo, al algodón americano. Amontonamos la cosecha de todo un año en el almacén. Destruimos el mercado extranjero para nuestro algodón. Estimulamos enormemente el crecimiento del algodón en otros países. Aunque estos resultados habían sido predichos por los oponentes a la política de restricción y préstamo, cuando realmente ocurrieron, los burócratas responsables del resultado simplemente respondieron que habrían ocurrido de todos modos.

Pues la política de préstamos suele ir acompañada de una política de restricción de la producción, es decir, una política de escasez, o conduce inevitablemente a ella. En casi todos los esfuerzos por «estabilizar» el precio de un producto básico, se han puesto en primer lugar los intereses de los productores. El verdadero objetivo es un aumento inmediato de los precios. Para que esto sea posible, se suele imponer una restricción proporcional de la producción a cada productor sujeto al control. Esto tiene varios efectos negativos inmediatos. Suponiendo que el control pueda imponerse a escala internacional, significa que la producción mundial total se reduce. Los consumidores del mundo pueden disfrutar menos de ese producto de lo que hubieran disfrutado sin la restricción. El mundo es mucho más pobre. Debido a que los consumidores se ven obligados a pagar precios más altos que de otra manera por ese producto, tienen mucho menos que gastar en otros productos.

Los restriccionistas suelen responder que esta caída de la producción es lo que ocurre de todos modos en una economía de mercado. Pero hay una diferencia fundamental, como hemos visto en el capítulo anterior. En una economía de mercado competitiva, son los productores de alto costo, los productores *ineficientes*, los que son expulsados por una caída en el precio. En el caso de un producto básico agrícola, son los agricultores menos competentes, o los que tienen el equipo más pobre, o los que trabajan las tierras más pobres, los que son expulsados. Los agricultores más capaces en las mejores tierras no tienen que restringir su producción. Por el contrario, si la caída de los precios ha sido sintomática de un costo medio de producción más bajo, reflejado en un aumento de la oferta, entonces la expulsión de los agricultores marginales de las tierras marginales permite a los buenos agricultores de las tierras buenas ampliar su producción. Así pues, a largo plazo puede no haber ninguna reducción de la producción de ese producto. Y el producto se produce y se vende a un precio *permanentemente más bajo*.

Si ese es el resultado, entonces los consumidores de ese producto estarán tan bien abastecidos con él como lo estaban antes. Pero, como resultado del precio más bajo, tendrán dinero sobrante, que no tenían antes, para gastar en otras cosas. Los consumidores, por lo tanto, obviamente estarán mejor. Pero el aumento de sus gastos en otras direcciones dará un mayor empleo en otras líneas, que absorberán a los antiguos agricultores marginales en ocupaciones en las que sus esfuerzos serán más lucrativos y más eficientes.

Una restricción proporcional uniforme (para volver a nuestro esquema de intervención gubernamental) significa, por un lado, que a los productores eficientes de bajo costo no se les permite producir toda la producción que puedan a bajo precio. Significa, por otra parte, que los productores ineficientes de alto costo son mantenidos artificialmente en el negocio. Esto aumenta el costo promedio de producción del producto. Se está produciendo de manera menos eficiente que de otra manera. El ineficiente productor marginal así mantenido artificialmente en esa línea de producción continúa amarrando tierra, mano de obra y capital que podría dedicarse mucho más rentable y eficientemente a otros usos.

No tiene sentido argumentar que, como resultado del plan de restricción, al menos el precio de los productos agrícolas ha aumentado y «los agricultores tienen más poder adquisitivo». Lo han conseguido sólo quitándole ese poder adquisitivo al comprador de la ciudad. (Ya hemos pasado por todo esto antes en nuestro análisis de los precios de «paridad».) Dar a los agricultores dinero por restringir la producción, o darles la misma cantidad de dinero por una producción restringida artificialmente, no es diferente de forzar a los consumidores o contribuyentes a pagar a la gente por no hacer nada en absoluto. En cada caso los beneficiarios de esas políticas obtienen «poder adquisitivo». Pero en cada caso alguien más pierde una cantidad exactamente equivalente. La pérdida neta para la comunidad es la pérdida de producción, porque la gente es apoyada por no producir. Debido a que hay menos para todos, porque hay menos para todos, los salarios reales y los ingresos reales deben disminuir ya sea por una caída en su cantidad monetaria o por el aumento del costo de vida.

Pero si se intenta mantener el precio de un producto agrícola y no se impone una restricción artificial de la producción, los excedentes no vendidos del producto de precio excesivo siguen acumulándose hasta que el mercado de ese producto se derrumba finalmente en una medida mucho mayor que si nunca se hubiera puesto en marcha el programa de control. O los productores fuera del programa de restricción, estimulados por el aumento artificial del precio, expanden enormemente su propia producción. Esto es lo que pasó con la restricción del caucho británico y los programas de restricción del algodón americano. En cualquier caso, el colapso de los precios finalmente llega a extremos catastróficos que nunca se habrían alcanzado sin el programa de restricción. El plan que comenzó tan valientemente para «estabilizar» los precios y las condiciones trae incomparablemente mayor inestabilidad que las fuerzas libres del mercado podrían haber traído.

Por supuesto que los controles internacionales de productos básicos que se proponen ahora, se nos dice, van a evitar todos estos errores. Esta vez se van a fijar precios «justos» no sólo para los productores sino también para los consumidores. Las naciones productoras y consumidoras se pondrán de acuerdo sobre lo que son estos precios justos, porque nadie será irrazonable. Los precios fijos necesariamente implicarán asignaciones y asignaciones «justas» para la producción y el consumo entre las naciones, pero sólo los cínicos se anticiparán a cualquier disputa internacional impropia en relación con estos. Finalmente, por el mayor milagro de todos, este mundo de posguerra de controles y coacciones superinternacionales ¡también va a ser un mundo de «libre» comercio internacional!.

No estoy seguro de lo que los planificadores del gobierno quieren decir con el libre comercio en este sentido, pero podemos estar seguros de algunas de las cosas que no quieren decir. No se refieren a la libertad de la gente común para comprar y vender, prestar y pedir prestado, a cualquier precio o tasa que quieran y donde les resulte más rentable hacerlo. No se trata de la libertad del ciudadano de a pie para cultivar la cantidad de una cosecha que desee, para ir y venir a voluntad, para establecerse donde le plazca, para llevarse su capital y otras pertenencias. Significan, sospecho, la libertad de los burócratas para resolver estos asuntos por él. Y le dicen que si obedece dócilmente a los burócratas será recompensado con un aumento de su nivel de vida. Pero si los planificadores logran atar la idea de la cooperación internacional con la idea de un mayor dominio y control del Estado sobre la vida económica, es muy probable que los controles internacionales del futuro sigan el modelo del pasado, en cuyo caso el nivel de vida del hombre sencillo disminuirá con sus libertades.

CAPÍTULO 17

Fijación de precios del gobierno

Hemos visto cuáles son algunos de los efectos de los esfuerzos gubernamentales por fijar los precios de los productos básicos por encima de los niveles a los que los mercados libres los habrían llevado de otro modo. Veamos ahora algunos de los resultados de los intentos gubernamentales de mantener los precios de los productos básicos por debajo de sus niveles naturales de mercado.

Este último intento se hace en nuestros días por casi todos los gobiernos en tiempo de guerra. No examinaremos aquí la sabiduría de la fijación de precios en tiempos de guerra. Toda la economía, en la guerra total, está necesariamente dominada por el Estado, y las complicaciones que habría que tener en cuenta nos llevarían demasiado lejos de la cuestión principal de la que trata este libro. Pero la fijación de precios en tiempos de guerra, sabia o no, se mantiene en casi todos los países por lo menos durante largos períodos después de que la guerra ha terminado, cuando la excusa original para iniciarla ha desaparecido.

Veamos primero lo que sucede cuando el gobierno intenta mantener el precio de un solo producto básico, o de un pequeño grupo de productos básicos, por debajo del precio que se fijaría en un mercado competitivo libre. Cuando el gobierno trata de fijar precios máximos para sólo unos pocos artículos, suele elegir ciertas necesidades básicas, sobre la base de que es más esencial que los pobres puedan obtenerlos a un costo «razonable». Digamos que los artículos elegidos para este fin son el pan, la leche y la carne.

El argumento para mantener bajo el precio de estos bienes será algo así. Si dejamos la carne de vacuno (digamos) a la merced del libre mercado, el precio subirá por la licitación para que sólo los ricos la consigan. La gente obtendrá carne de vacuno no en proporción a sus necesidades, sino sólo en proporción a su poder adquisitivo. Si mantenemos el precio bajo, cada uno tendrá su parte justa.

Lo primero que hay que notar de este argumento es que si es válido la política adoptada es inconsistente y timorata. Porque si el poder adquisitivo en lugar de la necesidad determina la distribución de la carne de vacuno a un precio de mercado de 65 centavos la libra, también lo determinaría, aunque quizás en un grado ligeramente menor, a, digamos, un precio «límite» legal de 50 centavos la libra. El argumento del poder adquisitivo en vez de la necesidad, de hecho, se mantiene siempre y cuando cobremos lo que sea por la carne de vacuno. Dejaría de aplicarse sólo si se regalara la carne de vacuno.

Pero los esquemas de fijación de precios máximos suelen comenzar como esfuerzos para «evitar que el costo de la vida aumente». Y así sus patrocinadores asumen inconscientemente que hay algo peculiarmente «normal» o sacrosanto en el precio de mercado en el momento en que comienza su control. Ese precio inicial se considera «razonable», y cualquier precio por encima de él como «irrazonable», independientemente de los cambios en las condiciones de producción o demanda desde que ese precio inicial fue establecido por primera vez.

Al discutir este tema, no tiene sentido asumir un control de precios que fije los precios exactamente donde un mercado libre los colocaría en cualquier caso. Eso sería lo mismo que no tener ningún control de precios. Debemos asumir que el poder adquisitivo en manos del público es mayor que la oferta de bienes disponibles, y que los precios están siendo mantenidos por el gobierno por debajo de los niveles a los que un mercado libre los colocaría.

Ahora no podemos mantener el precio de ningún producto básico por debajo de su nivel de mercado sin que con el tiempo se produzcan dos consecuencias. La primera es aumentar la demanda de ese producto. Debido a que la mercancía es más barata, la gente está tentada a comprar, y puede permitirse comprar, más de ella. La segunda consecuencia es reducir la oferta de ese producto. Debido a que las personas compran más, la oferta acumulada se saca más rápidamente de los estantes de los comerciantes. Pero además de esto, se desalienta la producción de esa mercancía. Los márgenes de beneficio se reducen o desaparecen. Los productores marginales son expulsados del negocio. Incluso los productores más eficientes pueden ser llamados a producir su producto con pérdidas. Esto sucedió en la guerra cuando los mataderos fueron requeridos por la Oficina de Administración de Precios para sacrificar y procesar la carne por menos del costo para ellos del ganado en la pezuña y la mano de obra de sacrificio y procesamiento.

Por lo tanto, si no se hace nada más, la consecuencia de fijar un precio máximo para un determinado producto básico sería provocar una escasez de ese producto. Pero esto es precisamente lo contrario de lo que los reguladores gubernamentales querían hacer originalmente. Porque son los mismos productos básicos seleccionados para la fijación de precios máximos los que los reguladores más quieren mantener en un suministro abundante. Pero cuando limitan los salarios y las ganancias de quienes fabrican estos productos básicos, sin limitar también los salarios y las ganancias de quienes fabrican productos de lujo o semilujos, desalientan la producción de las necesidades de precio controlado mientras que estimulan relativamente la producción de bienes menos esenciales.

Algunas de estas consecuencias con el tiempo se hacen evidentes para los reguladores, que luego adoptan otros dispositivos y controles en un intento de evitarlas. Entre estos dispositivos se encuentran el racionamiento, el control de costos, los subsidios y la fijación universal de precios. Veamos cada uno de ellos por separado.

Cuando resulta evidente que se está produciendo una escasez de algún producto básico como resultado de un precio fijado por debajo del mercado, se acusa a los consumidores ricos de llevarse «más de la parte que les corresponde»; o, si se trata de una materia prima que entra en fabricación, se acusa a las empresas individuales de «acapararla». El gobierno adopta entonces un conjunto de normas relativas a quién tendrá prioridad en la compra de esa materia prima, o a quién y en qué cantidades se asignará, o cómo se racionará. Si se adopta un sistema de racionamiento, significa que cada consumidor sólo puede disponer de un determinado suministro máximo, independientemente de cuánto esté dispuesto a pagar por más.

En resumen, si se adopta un sistema de racionamiento, significa que el gobierno adopta un sistema de doble precio, o un sistema de doble moneda, en el que cada consumidor debe tener un cierto número de cupones o «puntos» además de una determinada cantidad de dinero ordinario. En otras palabras, el gobierno trata de hacer a través del racionamiento parte del trabajo que un mercado libre habría hecho a través de los precios. Digo sólo parte del trabajo, porque el racionamiento sólo limita la demanda sin estimular también la oferta, como hubiera hecho un precio más alto.

El gobierno puede tratar de asegurar el suministro ampliando su control sobre los costos de producción de un producto básico. Para mantener bajo el precio de venta al público de la carne de vacuno, por ejemplo, puede fijar el precio al por mayor de la carne de vacuno, el precio del matadero de la carne de vacuno, el precio del ganado vivo, el precio de los piensos, los salarios de los agricultores. Para mantener bajo el precio de entrega de la leche, puede intentar fijar los salarios de los conductores de los vagones de leche, el precio de los contenedores, el precio de la leche en la granja, el precio de los piensos. Para fijar el precio del pan, puede fijar los salarios en las panaderías, el precio de la harina, los beneficios de los molineros, el precio del trigo, etc.

Pero a medida que el gobierno extiende esta fijación de precios hacia atrás, extiende al mismo tiempo las consecuencias que originalmente lo llevaron a este curso. Asumiendo que tiene el coraje de fijar estos costos, y es capaz de hacer cumplir sus decisiones, entonces simplemente, a su vez, crea escasez de los diversos factores — mano de obra, piensos, trigo o lo que sea — que entran en la producción de los productos básicos finales. De esta manera, el gobierno se ve impulsado a ejercer controles en círculos cada vez más amplios, y la consecuencia final será la misma que la de la fijación universal de precios.

El gobierno puede tratar de resolver esta dificultad a través de subsidios. Reconoce, por ejemplo, que cuando mantiene el precio de la leche o la mantequilla por debajo del nivel del mercado, o por debajo del nivel relativo al que fija otros precios, puede producirse una escasez debido a que los salarios o los márgenes de beneficio de la producción de leche o mantequilla son inferiores a los de otros productos básicos. Por lo tanto, el gobierno intenta compensar esto pagando un subsidio a los productores de leche y mantequilla.

Pasando por alto las dificultades administrativas que esto implica, y asumiendo que el subsidio es suficiente para asegurar la producción relativa deseada de leche y mantequilla, es evidente que, aunque el subsidio se paga a los productores, los que realmente están siendo subsidiados son los consumidores. Porque los productores están en equilibrio neto no obteniendo más por su leche y mantequilla que si se les hubiera permitido cobrar el precio del mercado libre en primer lugar; pero los consumidores están obteniendo su leche y mantequilla a un precio muy por debajo del precio del mercado libre. Se les está subvencionando en la medida de la diferencia, es decir, por la cantidad de subvención pagada aparentemente a los productores.

Ahora bien, a menos que el producto subsidiado también sea racionado, son los que tienen más poder adquisitivo los que pueden comprar la mayor parte de él. Esto significa que están siendo más subsidiados que aquellos con menos poder adquisitivo. Quién subvenciona a los consumidores dependerá de la incidencia de los impuestos. Pero los hombres en su papel de contribuyentes se estarán subsidiando a sí mismos en su papel de consumidores. Se hace un poco difícil rastrear en este laberinto precisamente quién está subsidiando a quién. Lo que se olvida es que las subvenciones son pagadas por alguien, y que no se ha descubierto ningún método por el cual la comunidad obtenga algo a cambio de nada.

La fijación de precios puede parecer a menudo un éxito durante un corto período de tiempo. Puede parecer que funciona bien por un tiempo, particularmente en tiempos de guerra, cuando se apoya en el patriotismo y el sentido de crisis. Pero cuanto más tiempo esté en efecto, más aumentan sus dificultades. Cuando los precios se mantienen arbitrariamente bajos por la compulsión del gobierno, la demanda está crónicamente en exceso de la oferta. Hemos visto que si el gobierno intenta prevenir la escasez de una mercancía reduciendo también los precios de la mano de obra, las materias primas y otros factores que entran en su costo de producción, crea una escasez de estos a su vez. Pero no sólo el gobierno, si sigue este curso, encontrará necesario extender el control de precios más y más hacia abajo, o «verticalmente»; no encontrará menos necesario extender el control de precios «horizontalmente». Si racionamos una mercancía, y el público no puede obtener suficiente de ella, aunque todavía tiene un exceso de poder adquisitivo, recurrirá a algún sustituto. El racionamiento de cada producto básico a medida que se hace más escaso, en otras palabras, debe ejercer cada vez más presión sobre los productos básicos no racionados que quedan. Si suponemos que el gobierno tiene éxito en sus esfuerzos por evitar los mercados negros (o al menos impide que se desarrollen a una escala suficiente para anular sus precios legales), el continuo control de los precios debe llevarlo al racionamiento de más y más productos básicos. Este racionamiento no puede detenerse en los consumidores. En la guerra no se detuvo con los consumidores. Se aplicó en primer lugar, de hecho, en la asignación de materias primas a los productores.

La consecuencia natural de un control general y exhaustivo de los precios que busca perpetuar un determinado nivel histórico de precios, en resumen, debe ser, en última instancia, una economía completamente reglamentada. Los salarios tendrían que ser mantenidos tan rígidamente como los precios. La mano de obra tendría que ser racionada tan despiadadamente como las materias primas. El resultado final sería que el gobierno no sólo le diría a cada consumidor exactamente cuánto de cada materia prima podría tener, sino que le diría a cada fabricante precisamente qué cantidad de cada materia prima podría tener y qué cantidad de mano de obra. No se podría tolerar más la licitación competitiva para los trabajadores que la licitación competitiva para los materiales. El resultado sería una economía totalitaria petrificada, con cada empresa y cada trabajador a merced del gobierno, y con un abandono final de todas las libertades tradicionales que hemos conocido. Porque como Alexander Hamilton señaló en los Documentos Federalistas hace un siglo y medio, «Un poder sobre la subsistencia de un hombre equivale a un poder sobre su voluntad».

Estas son las consecuencias de lo que podría describirse como un control de precios «perfecto», prolongado y «no político». Como se demostró tan ampliamente en un país tras otro, en particular en Europa durante y después de la Segunda Guerra Mundial, algunos de los errores más fantásticos de los burócratas fueron mitigados por el mercado negro. Era una historia común de muchos países europeos que la gente podía conseguir lo suficiente para mantenerse con vida sólo con el patrocinio del mercado negro. En algunos países el mercado negro siguió creciendo a expensas del mercado de precios fijos legalmente reconocido hasta que el primero se convirtió, en efecto, en *el* mercado. Sin embargo, al mantener nominalmente los topes de precios, los políticos en el poder trataron de mostrar que sus corazones, si no sus escuadrones de aplicación de la ley, estaban en el lugar correcto.

Sin embargo, dado que el mercado negro acabó suplantando al mercado legal de los precios máximos, no hay que suponer que no se haya hecho ningún daño. El daño fue tanto económico como moral. Durante el período de transición, las grandes empresas de larga trayectoria, con una gran inversión de capital y una gran dependencia de la retención de la buena voluntad pública, se ven obligadas a restringir o interrumpir la producción. Su lugar lo ocupan las empresas de vuelos nocturnos con poco capital y poca experiencia acumulada en la producción. Estas nuevas empresas son ineficientes en comparación con las que desplazan; producen bienes inferiores y deshonestos a costos de producción mucho más altos que los que habrían requerido las empresas más antiguas para seguir produciendo sus antiguos bienes. La deshonestidad es una prioridad. Las nuevas empresas deben su existencia o crecimiento al hecho de que están dispuestas a violar la ley; sus clientes conspiran con ellas y, como consecuencia natural, la desmoralización se extiende a todas las prácticas comerciales.

Rara vez, además, las autoridades encargadas de fijar los precios hacen un esfuerzo honesto por preservar el nivel de precios existente cuando comenzaron sus esfuerzos. Declaran que su intención es «mantener la línea». Sin embargo, pronto, bajo el disfraz de «corregir las desigualdades» o «injusticias sociales», inician una fijación de precios discriminatoria que da más a los grupos que tienen poder político y menos a otros grupos.

Como el poder político se mide hoy en día más comúnmente por los votos, los grupos que las autoridades intentan favorecer más a menudo son los trabajadores y los agricultores. Al principio se sostiene que los salarios y el costo de la vida no están relacionados; que los salarios pueden ser fácilmente elevados sin que se eleven los precios. Cuando se hace evidente que los salarios sólo pueden elevarse a expensas de los beneficios, los burócratas empiezan a argumentar que los beneficios ya eran demasiado altos de todos modos, y que elevar los salarios y mantener los precios todavía permitirá «un beneficio justo». Como no existe una *tasa de beneficios uniforme*, ya que los beneficios difieren con cada preocupación, el resultado de esta política es sacar del negocio a las preocupaciones menos rentables por completo, y desalentar o detener la producción de ciertos artículos. Esto significa desempleo, disminución de la producción y descenso del nivel de vida.

¿En qué se basa todo el esfuerzo para fijar los precios máximos? En primer lugar, hay un malentendido sobre qué es lo que ha estado causando que los precios suban. La verdadera causa es la escasez de bienes o el exceso de dinero. Los techos legales de precios no pueden curar ninguna de las dos cosas. De hecho, como acabamos de ver, sólo intensifican la escasez de bienes. Lo que hay que hacer con el excedente de dinero se discutirá en un capítulo posterior. Pero uno de los errores que se esconde detrás de la fijación de precios es el tema principal de este libro. Así como los interminables planes para aumentar los precios de los productos básicos favorecidos son el resultado de pensar en los intereses sólo de los productores inmediatamente afectados, y olvidar los intereses de los consumidores, de la misma manera los planes para mantener los precios bajos por edicto legal son el resultado de pensar en los intereses de las personas sólo como consumidores y olvidar sus intereses como productores. Y el apoyo político a tales políticas surge de una confusión similar en la mente del público. La gente no quiere pagar más por la leche, la mantequilla, los zapatos, los muebles, el alquiler, las entradas de teatro o los diamantes. Cuando cualquiera de estos artículos se eleva por encima de su nivel anterior, el consumidor se indigna y siente que está siendo engañado.

La única excepción es el artículo que él mismo hace: aquí entiende y aprecia la razón del aumento. Pero siempre es probable que considere su propio negocio como una excepción. «Ahora bien, mi propio negocio», dirá, «es peculiar y el público no lo entiende». Los costes de la mano de obra han subido; los precios de las materias primas han subido; esta o aquella materia prima ya no se importa, y debe ser fabricada a un coste más alto en casa. Además, la demanda del producto ha aumentado, y se debe permitir que la empresa cobre los precios necesarios para fomentar su expansión para abastecer esta demanda». Y así sucesivamente. Todo el mundo como consumidor compra cien productos diferentes; como productor hace, normalmente, sólo uno. Puede ver la desigualdad en la contención del precio de *eso*. Y así como cada fabricante quiere un precio más alto para su producto en particular, cada trabajador quiere un salario más alto. Cada uno puede ver como productor que el control de precios está restringiendo la producción en su línea. Pero casi todo el mundo se niega a generalizar esta observación, ya que significa que tendrá que pagar más por los productos de *otros*.

Cada uno de nosotros, en resumen, tiene una personalidad económica múltiple. Cada uno de nosotros es productor, contribuyente, consumidor. Las políticas que defiende dependen del aspecto particular en el que piensa de sí mismo en este momento. Porque a veces es el Dr. Jekyll y a veces el Sr. Hyde. Como productor quiere inflación (pensando principalmente en sus propios servicios o productos); como consumidor quiere topes de precios (pensando principalmente en lo que tiene que pagar por los productos de otros). Como consumidor puede abogar o consentir en las subvenciones; como contribuyente se resentirá de pagarlas. Es probable que cada persona piense que puede gestionar de tal manera las fuerzas políticas que puede beneficiarse de la subvención más de lo que pierde con el impuesto, o beneficiarse de un aumento para su propio producto (mientras que sus costes de materia prima se mantienen legalmente bajos) y al mismo tiempo beneficiarse como consumidor del control de precios. Pero la gran mayoría se engañará a sí misma. Porque no sólo debe haber al menos tantas pérdidas como ganancias en esta manipulación política de los precios; debe haber muchas más pérdidas que ganancias, porque la fijación de precios desalienta y perturba el empleo y la producción.

CAPÍTULO 18

Leyes de salario mínimo

Ya hemos visto algunos de los resultados perjudiciales de los esfuerzos gubernamentales arbitrarios para aumentar el precio de los productos básicos favorecidos. El mismo tipo de resultados dañinos siguen a los esfuerzos para aumentar los salarios a través de leyes de salario mínimo. Esto no debería ser sorprendente, ya que un salario es, de hecho, un precio. Es desafortunado para la claridad del pensamiento económico que el precio de los servicios de la mano de obra haya recibido un nombre completamente diferente al de otros precios. Esto ha impedido que la mayoría de la gente reconozca que los mismos principios gobiernan a ambos.

El pensamiento se ha vuelto tan emocional y tan políticamente sesgado en el tema de los salarios que en la mayoría de las discusiones de ellos se ignoran los principios más simples. Las personas que estarían entre los primeros en negar que la prosperidad podría ser producida por el aumento artificial de los precios, las personas que estarían entre los primeros en señalar que las leyes de precios mínimos podrían ser más dañinas para las mismas industrias a las que fueron diseñadas para ayudar, abogarán sin embargo por las leyes de salarios mínimos, y denunciarán a los oponentes a ellas, sin recelos.

Sin embargo, debe quedar claro que una ley de salario mínimo es, en el mejor de los casos, un arma limitada para combatir el mal de los salarios bajos, y que el posible bien que se puede lograr con dicha ley sólo puede superar el posible daño en la medida en que sus objetivos sean modestos. Cuanto más ambiciosa sea una ley de este tipo, cuanto mayor sea el número de trabajadores que intente cubrir, y cuanto más intente aumentar sus salarios, más probable será que sus efectos perjudiciales superen a sus efectos beneficiosos.

Lo primero que ocurre, por ejemplo, cuando se aprueba una ley que establece que nadie debe recibir menos de 30 dólares por una semana de cuarenta horas es que no se empleará a nadie que no valga 30 dólares por semana para un empleador. No se puede hacer que un hombre valga una cantidad determinada haciendo ilegal que alguien le ofrezca algo menos. Simplemente lo privas del derecho a ganar la cantidad que sus habilidades y situación le permitirían ganar, mientras que privas a la comunidad incluso de los servicios moderados que es capaz de prestar. En resumen, por un salario bajo sustituyes el desempleo. Haces daño a todos, sin ninguna compensación comparable.

La única excepción a esto ocurre cuando un grupo de trabajadores recibe un salario realmente inferior a su valor de mercado. Es probable que esto ocurra sólo en circunstancias especiales o en localidades en las que las fuerzas competitivas no operan libre o adecuadamente; pero casi todos estos casos especiales podrían remediarse con la misma eficacia, más flexibilidad y con mucho menos daño potencial, mediante la sindicalización.

Puede pensarse que si la ley obliga a pagar un salario más alto en una industria determinada, esa industria puede entonces cobrar precios más altos por su producto, de modo que la carga de pagar el salario más alto se traslada simplemente a los consumidores. Sin embargo, esos cambios no son fáciles de realizar, ni tampoco se escapan fácilmente las consecuencias de un aumento artificial de los salarios. Un precio más alto del producto puede no ser posible: puede simplemente llevar a los consumidores a algún sustituto. O, si los consumidores continúan comprando el producto de la industria en la que se han aumentado los salarios, el precio más alto hará que compren menos de él. Mientras que algunos trabajadores de la industria se beneficiarán del salario más alto, por lo tanto, otros serán expulsados del empleo por completo. En cambio, si no se sube el precio del producto, los productores marginales de la industria serán expulsados del negocio; de modo que la reducción de la producción y el consiguiente desempleo se producirán simplemente de otra manera.

Cuando se señalan tales consecuencias, hay un grupo de personas que responden: «Muy bien; si es cierto que la industria X no puede existir más que pagando salarios de miseria, entonces será igual de bueno si el salario mínimo la deja totalmente fuera de la existencia.» Pero este valiente pronunciamiento pasa por alto las realidades. Pasa por alto, en primer lugar, que los consumidores sufrirán la pérdida de ese producto. Olvida, en segundo lugar, que sólo está condenando al desempleo a las personas que trabajaban en esa industria. E ignora, por último, que, por muy malos que fueran los salarios que se pagaban en la industria X, eran los mejores de todas las alternativas que parecían abiertas a los trabajadores de esa industria; de lo contrario, los trabajadores se habrían ido a otra. Por lo tanto, si la industria X es expulsada de la existencia por una ley de salario mínimo, entonces los trabajadores anteriormente empleados en esa industria se verán obligados a recurrir a cursos alternativos que les parecían menos atractivos en primer lugar. Su competencia por los puestos de trabajo reducirá el salario ofrecido incluso en estas ocupaciones alternativas. No hay escapatoria a la conclusión de que el salario mínimo aumentará el desempleo.

Un bonito problema, además, será planteado por el programa de ayuda diseñado para ocuparse del desempleo causado por la ley del salario mínimo. Con un salario mínimo de, digamos, 75 centavos por hora, hemos prohibido a cualquiera que trabaje 40 horas a la semana por menos de 30 dólares. Supongamos que ahora ofrecemos sólo 18 dólares a la semana por la ayuda. Esto significa que le hemos prohibido a un hombre ser empleado útilmente por, digamos, 25 dólares a la semana, para poder mantenerlo con 18 dólares a la semana en la ociosidad. Hemos privado a la sociedad del valor de sus servicios. Hemos privado al hombre de la independencia y el respeto a sí mismo que se derivan de la autosuficiencia, incluso en un nivel bajo, y de realizar el trabajo deseado, al mismo tiempo que hemos rebajado lo que el hombre podría haber recibido por sus propios esfuerzos.

Estas consecuencias se siguen siempre y cuando el pago de la ayuda sea un centavo menos de 30 dólares. Sin embargo, cuanto más alto hagamos el pago de alivio, peor será la situación en otros aspectos. Si ofrecemos 30 dólares por el alivio, entonces ofrecemos a muchos hombres tanto por no trabajar como por trabajar. Además, cualquiera que sea la suma que ofrecemos por el alivio, creamos una situación en la que cada uno trabaja sólo por la *diferencia* entre su salario y la cantidad del alivio. Si el alivio es de 30 dólares por semana, por ejemplo, los trabajadores a los que se les ofrece un salario de 1 dólar por hora, o 40 dólares por semana, se les pide de hecho, según ellos, que trabajen por sólo 10 dólares por semana, ya que pueden obtener el resto sin hacer nada.

Se puede pensar que podemos escapar de estas consecuencias ofreciendo «alivio en el trabajo» en lugar de «alivio en el hogar»; pero simplemente cambiamos la naturaleza de las consecuencias. «Alivio en el trabajo» significa que pagamos a los beneficiarios más de lo que el mercado abierto les pagaría por sus esfuerzos. Por lo tanto, sólo una parte de su salario de alivio es por sus esfuerzos (en trabajos a menudo de dudosa utilidad), mientras que el resto es un subsidio disfrazado.

Probablemente hubiera sido mejor para todos si el gobierno en primer lugar hubiera subvencionado francamente sus salarios en el trabajo privado que ya estaban haciendo. No necesitamos seguir con este punto, ya que nos llevaría a problemas que no son inmediatamente relevantes. Pero hay que tener en cuenta las dificultades y las consecuencias de la subvención cuando consideramos la adopción de leyes de salario mínimo o un aumento de los mínimos ya fijados.

Todo esto no es para argumentar que no hay forma de aumentar los salarios. Es simplemente para señalar que el aparentemente fácil método de aumentarlos por orden del gobierno es el camino equivocado y el peor.

Este es quizás un lugar tan bueno como cualquier otro para señalar que lo que distingue a muchos reformistas de los que no pueden aceptar sus propuestas no es su mayor filantropía, sino su mayor impaciencia. La cuestión no es si queremos ver a todo el mundo tan bien como sea posible. Entre los hombres de buena voluntad tal objetivo puede darse por sentado. La verdadera cuestión se refiere a los medios adecuados para conseguirlo. Y al tratar de responder a esto nunca debemos perder de vista algunas verdades elementales. No podemos distribuir más riqueza de la que se ha creado. No podemos a largo plazo pagar al trabajo en su conjunto más de lo que produce.

La mejor manera de aumentar los salarios, por lo tanto, es aumentar la productividad laboral. Esto puede hacerse por muchos métodos: por un aumento de la acumulación de capital —es decir, por un aumento de las máquinas con las que se ayuda a los trabajadores— por nuevos inventos y mejoras; por una gestión más eficaz por parte de los empresarios; por una mayor laboriosidad y eficacia por parte de los trabajadores; por una mejor educación y formación. Cuanto más produce el trabajador individual, más aumenta la riqueza de toda la comunidad. Cuanto más produce, más valen sus servicios para los consumidores y, por tanto, para los empleadores. Y cuanto más valga para los empleadores, más se le pagará. Los salarios reales provienen de la producción, no de los decretos del gobierno.

CAPÍTULO 19

¿Los sindicatos realmente aumentan los salarios?

El poder de los sindicatos para aumentar los salarios a largo plazo y para toda la población activa ha sido enormemente exagerado. Esta exageración es principalmente el resultado de la falta de reconocimiento de que los salarios están básicamente determinados por la productividad laboral. Es por esta razón, por ejemplo, que los salarios en los Estados Unidos fueron incomparablemente más altos que los salarios en Inglaterra y Alemania durante todas las décadas en que el «movimiento laboral» en estos dos últimos países estaba mucho más avanzado.

A pesar de la abrumadora evidencia de que la productividad laboral es el determinante fundamental de los salarios, la conclusión suele ser olvidada o ridiculizada por los líderes sindicales y por ese gran grupo de escritores económicos que buscan una reputación de «liberales» repitiéndolos como loros. Pero esta conclusión no descansa en la suposición, como ellos suponen, de que los empleadores son uniformemente hombres amables y generosos deseosos de hacer lo correcto. Se basa en la muy diferente suposición de que el empleador individual está ansioso por aumentar sus propios beneficios al máximo. Si la gente está dispuesta a trabajar por menos de lo que realmente vale para él, ¿por qué no debería sacar el máximo provecho de esto? ¿Por qué no preferiría, por ejemplo, ganar un dólar a la semana con un trabajador en lugar de ver a otro empleador ganar dos dólares a la semana con él? Y mientras esta situación exista, los empleadores tenderán a ofrecer a los trabajadores todo su valor económico.

Todo esto no significa que las uniones no puedan cumplir ninguna función útil o legítima. La función central a la que pueden servir es asegurar que todos sus miembros obtengan el verdadero valor de mercado de sus servicios.

Porque la competencia de los trabajadores por los empleos, y de los empleadores por los trabajadores, no funciona perfectamente. Ni los trabajadores ni los empleadores individuales pueden estar plenamente informados sobre las condiciones del mercado laboral. Un trabajador individual, sin la ayuda de un sindicato o el conocimiento de las «tarifas sindicales», puede no conocer el verdadero valor de mercado de sus servicios a un empleador. Y está, individualmente, en una posición de negociación mucho más débil. Los errores de juicio son mucho más costosos para él que para un empleador. Si un empleador se niega por error a contratar a un hombre de cuyos servicios podría haberse beneficiado, sólo pierde el beneficio neto que podría haber obtenido al emplear a ese hombre; y puede emplear a cien o mil hombres. Pero si un trabajador se niega por error a un trabajo creyendo que puede conseguir fácilmente otro que le pague más, el error puede costarle caro. Todo su medio de vida está involucrado. No sólo puede fracasar rápidamente en encontrar otro trabajo que le ofrezca más; puede fracasar por un tiempo en encontrar otro trabajo que le ofrezca remotamente más. Y el tiempo puede ser la esencia de su problema, porque él y su familia deben comer. Así que puede estar tentado a aceptar un salario que sabe que está por debajo de su «valor real» en lugar de enfrentarse a estos riesgos. Sin embargo, cuando los trabajadores de un empleador lo tratan como un cuerpo y establecen un «salario estándar» conocido para una clase determinada de trabajo, pueden ayudar a igualar el poder de negociación y los riesgos que implican los errores.

Pero es fácil, como ha demostrado la experiencia, que los

sindicatos, en particular con la ayuda de una legislación laboral unilateral que obliga únicamente a los empleadores, vayan más allá de sus funciones legítimas, actúen de manera irresponsable y adopten políticas miopes y antisociales. Lo hacen, por ejemplo, cuando tratan de fijar los salarios de sus miembros por encima de su valor real en el mercado. Tal intento siempre trae consigo el desempleo. El arreglo puede ser hecho para que se mantenga, de hecho, sólo por alguna forma de intimidación o coerción.

Uno de los dispositivos consiste en restringir la pertenencia a la unión sobre alguna otra base que no sea la de la competencia o la habilidad probada. Esta restricción puede adoptar muchas formas: puede consistir en el cobro a los nuevos trabajadores de tasas de iniciación excesivas; en calificaciones arbitrarias de afiliación; en la discriminación, abierta u oculta, por motivos de religión, raza o sexo; en alguna limitación absoluta del número de miembros; o en la exclusión, por la fuerza si es necesario, no sólo de los productos de la mano de obra no sindicalizada, sino de los productos incluso de los sindicatos afiliados en otros Estados o ciudades.

El caso más evidente en el que se utiliza la intimidación y la fuerza para poner o mantener los salarios de un determinado sindicato por encima del valor real del mercado de los servicios de sus miembros es el de la huelga. Una huelga pacífica es posible. En la medida en que permanece pacífica, es un arma laboral legítima, aunque es una que debe ser usada raramente y como último recurso. Si sus trabajadores como cuerpo retienen su trabajo, pueden hacer entrar en razón a un empleador obstinado, que les ha estado pagando de menos. Puede que se dé cuenta de que no puede reemplazar a estos trabajadores por otros igualmente buenos que estén dispuestos a aceptar el salario que los primeros han rechazado. Pero en el momento en que los trabajadores tienen que utilizar la intimidación o la violencia para hacer cumplir sus demandas —el momento en que utilizan piquetes para impedir que alguno de los antiguos trabajadores continúe en sus puestos, o para impedir que el empleador contrate a nuevos trabajadores permanentes para que ocupen sus puestos— su caso se vuelve cuestionable. Porque los piquetes se usan realmente, no principalmente contra el empleador, sino contra otros trabajadores. Estos otros trabajadores están dispuestos a tomar los trabajos que los antiguos empleados han dejado vacíos, y con los salarios que los antiguos empleados ahora rechazan. El hecho prueba que las otras alternativas abiertas a los nuevos trabajadores no son tan buenas como las que los antiguos empleados han rechazado. Si, por lo tanto, los antiguos empleados consiguen por la fuerza impedir que los nuevos trabajadores ocupen su lugar, impiden que estos nuevos trabajadores elijan la mejor alternativa que se les ofrece, y les obligan a aceptar algo peor. Los huelguistas insisten, por tanto, en una posición de privilegio, y utilizan la fuerza para mantener esta posición privilegiada frente a otros trabajadores.

Si el análisis anterior es correcto, el odio indiscriminado al «rompehuelgas» no está justificado. Si los rompehuelgas consisten simplemente en matones profesionales que amenazan con violencia, o que de hecho no pueden hacer el trabajo, o si se les paga una tarifa temporalmente más alta con el único propósito de hacer creer que siguen trabajando hasta que los antiguos trabajadores se asusten y vuelvan a trabajar a las tarifas antiguas, el odio puede estar justificado. Pero si en realidad no son más que hombres y mujeres que buscan un trabajo permanente y están dispuestos a aceptarlo al viejo ritmo, entonces son trabajadores que se verían empujados a trabajos peores que éstos para permitir a los trabajadores en huelga disfrutar de otros mejores. Y esta posición superior para los antiguos empleados podría seguir manteniéndose, de hecho, sólo por la siempre presente amenaza de la fuerza.

La economía emocional ha dado lugar a teorías que un examen tranquilo no puede justificar. Una de ellas es la idea de que el trabajo está siendo «mal pagado» *en general*. Esto sería análogo a la noción de que en un mercado libre los precios en general son crónicamente demasiado bajos. Otra noción curiosa pero persistente es que los intereses de los trabajadores de una nación son idénticos entre sí, y que un aumento de los salarios de un sindicato de alguna manera oscura ayuda a todos los demás trabajadores. No sólo no hay verdad en esta idea, sino que la verdad es que, si un determinado sindicato, mediante la coacción, es capaz de imponer a sus propios miembros un salario sustancialmente superior al valor real de sus servicios en el mercado, perjudicará a todos los demás trabajadores como perjudica a los demás miembros de la comunidad.

Para ver más claramente cómo ocurre esto, imaginemos una comunidad en la que los hechos se simplifican enormemente aritméticamente. Supongamos que la comunidad consistiera en sólo media docena de grupos de trabajadores, y que estos grupos fueran originalmente iguales entre sí en sus salarios totales y en el valor de mercado de su producto.

Digamos que estos seis grupos de trabajadores consisten en (1) peones de granja, (2) trabajadores de tiendas de venta al por menor, (3) trabajadores de los oficios de la ropa, (4) mineros del carbón, (5) trabajadores de la construcción, y (6) empleados del ferrocarril. Sus salarios, determinados sin ningún elemento de coacción, no son necesariamente iguales; pero sean cuales sean, asignemos a cada uno de ellos un número índice original de 100 como base. Supongamos ahora que cada grupo forma un sindicato nacional y es capaz de hacer valer sus reivindicaciones en proporción no sólo a su productividad económica sino también a su poder político y a su posición estratégica. Supongamos que el resultado es que los campesinos no pueden aumentar sus salarios en absoluto, que los trabajadores de las tiendas minoristas pueden obtener un aumento del 10 por ciento, los trabajadores de la confección del 20 por ciento, los mineros del carbón del 30 por ciento, los oficios de la construcción del 40 por ciento y los empleados del ferrocarril del 50 por ciento.

En las suposiciones que hemos hecho, esto significará que ha habido un aumento *promedio* de los salarios del 25 por ciento. Ahora supongamos, de nuevo en aras de la simplicidad aritmética, que el precio del producto que cada grupo de trabajadores hace aumenta en el mismo porcentaje que el aumento de los salarios de ese grupo. (Por varias razones, incluyendo el hecho de que los costos de la mano de obra no representan todos los costos, el precio no lo hará del todo — ciertamente no en un período corto. Pero las cifras servirán, no obstante, para ilustrar el principio básico en cuestión).

Entonces tendremos una situación en la que el costo de la vida ha aumentado en un promedio del 25 por ciento. Los agricultores, aunque no han tenido ninguna reducción en sus salarios, estarán considerablemente peor en términos de lo que pueden comprar. Los trabajadores de las tiendas, aunque han tenido un aumento de los salarios en dinero del 10 por ciento, estarán peor que antes de que empezara la carrera. Incluso los trabajadores de los comercios de ropa, con un aumento de los salarios en dinero del 20 por ciento, estarán en desventaja en comparación con su posición anterior. Los mineros del carbón, con un aumento de los salarios en dinero del 30 por ciento, habrán conseguido en el poder adquisitivo sólo una ligera ganancia. Los trabajadores de la construcción y del ferrocarril, por supuesto, habrán obtenido una ganancia, pero una mucho menor en la realidad que en la apariencia.

Pero incluso estos cálculos se basan en la suposición de que el aumento forzoso de los salarios no ha producido ningún desempleo. Es probable que esto sólo sea cierto si el aumento de los salarios ha ido acompañado de un aumento equivalente del dinero y del crédito bancario; e incluso entonces es improbable que tales distorsiones de los salarios puedan producirse sin crear bolsas de desempleo, en particular en los oficios en los que los salarios han avanzado más. Si no se produce la correspondiente inflación monetaria, los avances salariales forzados provocarán un desempleo generalizado.

El desempleo no tiene por qué ser necesariamente mayor, en términos porcentuales, entre los sindicatos cuyos salarios han sido más adelantados; pues el desempleo se desplazará y distribuirá en relación con la elasticidad relativa de la demanda de diferentes tipos de trabajo y en relación con el carácter «conjunto» de la demanda de muchos tipos de trabajo. Sin embargo, cuando se hayan hecho todas estas concesiones, incluso los grupos cuyos salarios se han adelantado más probablemente se encontrarán, cuando sus desempleados se promedien con sus miembros empleados, en peor situación que antes. Y en términos de *bienestar*, por supuesto, la pérdida sufrida será mucho mayor que la pérdida en términos meramente aritméticos, porque las pérdidas psicológicas de los desempleados superarán en gran medida las ganancias psicológicas de aquellos con un ingreso ligeramente superior en términos de poder adquisitivo.

Tampoco se puede rectificar la situación proporcionando un alivio del desempleo. Este alivio, en primer lugar, se paga en gran parte, directa o indirectamente, con los salarios de los que trabajan. Por lo tanto, reduce estos salarios. Los pagos de alivio «adecuados», además, como ya hemos visto, *crean desempleo*. Lo hacen de varias maneras. Cuando en el pasado los sindicatos fuertes se encargaban de proveer a sus propios miembros desempleados, lo pensaban dos veces antes de exigir un salario que causara un gran desempleo. Pero donde hay un sistema de alivio bajo el cual el contribuyente general se ve obligado a proveer el desempleo causado por las tasas de salarios excesivos, esta restricción a las demandas sindicales excesivas es eliminada. Además, como ya hemos señalado, un alivio «adecuado» hará que algunos hombres no busquen trabajo en absoluto, y hará que otros consideren que en realidad se les pide que trabajen no por el salario ofrecido, sino sólo por la *diferencia* entre ese salario y el pago del alivio. Y un fuerte desempleo significa que se producen menos bienes, que la nación es más pobre y que hay menos para todos.

Los apóstoles de la salvación por el sindicalismo a veces intentan otra respuesta al problema que acabo de presentar. Puede ser cierto, lo admitirán, que los miembros de los sindicatos fuertes hoy en día explotan, entre otros, a los trabajadores no sindicalizados; pero el remedio es simple: sindicalizar a todo el mundo. El remedio, sin embargo, no es tan simple. En primer lugar, a pesar de los enormes alicientes políticos (en algunos casos se podría decir que las compulsiones) a la sindicalización en virtud de la Ley Wagner y otras leyes, no es un accidente que sólo alrededor de una cuarta parte de los trabajadores asalariados de esta nación estén sindicalizados. Las condiciones propicias para la sindicalización son mucho más especiales de lo que se reconoce generalmente. Pero incluso si se lograra la sindicalización universal, los sindicatos no podrían ser igualmente poderosos, como lo son hoy en día. Algunos grupos de trabajadores se encuentran en una posición estratégica mucho mejor que otros, ya sea por su mayor número, por el carácter más esencial del producto que fabrican, por la mayor dependencia de su industria de otras industrias o por su mayor capacidad para utilizar métodos coercitivos. Pero supongamos que esto no fuera así. Supongamos que, a pesar de lo contradictorio de la suposición, todos los trabajadores, mediante métodos coercitivos, pudieran aumentar sus salarios en un porcentaje igual. Nadie estaría mejor, a la larga, que si los salarios no hubieran sido aumentados en absoluto.

Esto nos lleva al corazón de la cuestión. Se suele suponer que un aumento de los salarios se obtiene a expensas de las ganancias de los empleadores. Por supuesto, esto puede suceder por períodos cortos o en circunstancias especiales. Si los salarios son forzados a subir en una empresa en particular, en tal competencia con otras que no puede subir sus precios, el aumento saldrá de sus beneficios. Sin embargo, es mucho menos probable que esto ocurra si el aumento de los salarios se produce en toda una industria. En la mayoría de los casos, la industria aumentará sus precios y transmitirá el aumento salarial a los consumidores. Como es probable que éstos consistan en su mayoría en trabajadores, simplemente verán reducidos sus salarios reales al tener que pagar más por un producto en particular. Es cierto que como resultado del aumento de los precios, las ventas de los productos de esa industria pueden disminuir, por lo que el volumen de beneficios de la industria se reducirá; pero es probable que el empleo y las nóminas totales de la industria se reduzcan en una cantidad correspondiente.

Es posible, sin duda, concebir un caso en el que los beneficios de toda una industria se reducen sin que se produzca una reducción correspondiente del empleo, es decir, un caso en el que un aumento de los salarios significa un aumento correspondiente de las nóminas, y en el que todo el coste sale de los beneficios de la industria sin echar a ninguna empresa a la calle. Tal resultado no es probable, pero es concebible.

Supongamos que tomamos una industria como la de los ferrocarriles, por ejemplo, que no siempre puede transmitir los aumentos de salarios al público en forma de tasas más altas, porque la regulación gubernamental no lo permite. (En realidad, el gran aumento de los salarios del ferrocarril ha ido acompañado de las más drásticas consecuencias para el empleo ferroviario. El número de trabajadores de los ferrocarriles americanos de Clase I alcanzó su máximo en 1920 con 1.685.000, con un salario medio de 66 centavos por hora; había caído a 959.000 en 1931, con un salario medio de 67 centavos por hora; y había caído aún más a 699.000 en 1938 con un salario medio de 74 centavos por hora. Pero podemos, por el bien del argumento, pasar por alto las realidades del momento y hablar como si estuviéramos discutiendo un caso hipotético).

Al menos es posible que los sindicatos obtengan sus ganancias a corto plazo a expensas de los empleadores e inversores. Los inversores una vez tuvieron fondos líquidos. Pero los han puesto, digamos, en el negocio del ferrocarril. Los han convertido en raíles y carreteras, vagones de carga y locomotoras. Alguna vez su capital pudo haber sido convertido en cualquiera de las mil formas, pero hoy está atrapado, por así decirlo, en una forma particular. Los sindicatos ferroviarios pueden obligarles a aceptar menores rendimientos de este capital ya invertido. Se pagará a los inversores para que continúen dirigiendo el ferrocarril si pueden ganar algo por encima de los gastos de explotación, aunque sea sólo una décima parte del 1 por ciento de su inversión.

Pero hay un corolario inevitable de esto. Si el dinero que han invertido en los ferrocarriles ahora rinde menos que el dinero que pueden invertir en otras líneas, los inversionistas no pondrán ni un centavo más en los ferrocarriles. Pueden reemplazar algunas de las cosas que se desgastan primero, para proteger el pequeño rendimiento de su capital restante; pero a largo plazo ni siquiera se molestarán en reemplazar los artículos que caen en obsolescencia o decadencia. Si el capital invertido en casa les paga menos que el invertido en el extranjero, invertirán en el extranjero. Si no encuentran en ningún sitio un rendimiento suficiente para compensar el riesgo que corren, dejarán de invertir en absoluto.

Así, la explotación del capital por la mano de obra puede ser, en el mejor de los casos, meramente temporal. Llegará rápidamente a su fin. Terminará, en realidad, no tanto en la forma indicada en nuestra ilustración hipotética, sino por el forzamiento de las empresas marginales a salir del negocio por completo, el crecimiento del desempleo y el reajuste forzado de los salarios y beneficios hasta el punto de que la perspectiva de beneficios normales (o anormales) lleve a la reanudación del empleo y la producción. Pero mientras tanto, como resultado de la explotación, el desempleo y la reducción de la producción habrán hecho a todos más pobres. Aunque el trabajo durante un tiempo tendrá una mayor participación relativa en la renta nacional, la renta nacional caerá de forma absoluta; por lo que las ganancias relativas del trabajo en estos cortos períodos pueden significar una victoria pírrica: pueden significar que el trabajo también está obteniendo una cantidad total menor en términos de poder adquisitivo real.

Así, llegamos a la conclusión de que los sindicatos, aunque durante un tiempo puedan asegurar un aumento de los salarios en dinero para sus miembros, en parte a expensas de los empleadores y más a expensas de los trabajadores no sindicalizados, no aumentan a *largo plazo y para todo el cuerpo de trabajadores, los salarios reales en absoluto*.

La creencia de que lo hacen se basa en una serie de ilusiones. Uno de ellos es la falacia del *post hoc ergo propter hoc*, que ve el enorme aumento de los salarios en el último medio siglo, debido principalmente al crecimiento de la inversión de capital y al avance científico y tecnológico, y lo atribuye a los sindicatos porque los sindicatos también crecieron durante este período. Pero el error más responsable de la ilusión es el de considerar simplemente lo que significa a corto plazo un aumento de los salarios provocado por las reivindicaciones sindicales para los trabajadores concretos que conservan sus puestos de trabajo, mientras que no se pueden rastrear los efectos de este avance en el empleo, la producción y el coste de la vida de todos los trabajadores, incluidos los que forzaron el aumento.

Se puede ir más allá de esta conclusión y plantear la cuestión de si los sindicatos no han impedido, a largo plazo y para todo el cuerpo de trabajadores, que los salarios reales aumenten en la medida en que de otro modo podrían haber aumentado. Ciertamente han sido una fuerza que ha trabajado para mantener o reducir los salarios si su efecto, en el balance neto, ha sido reducir la productividad laboral; y podemos preguntarnos si no ha sido así.

En cuanto a la productividad, hay algo que decir sobre las políticas sindicales, es cierto, en el lado del crédito. En algunos oficios han insistido en normas para aumentar el nivel de habilidad y competencia. Y en su historia temprana hicieron mucho para proteger la salud de sus miembros. Donde había abundante mano de obra, los empleadores individuales a menudo se beneficiaban acelerando a los trabajadores y trabajándolos largas horas a pesar de los efectos nocivos para su salud, porque podían ser fácilmente reemplazados por otros. Y a veces los empleadores ignorantes o miopes incluso reducían sus propios beneficios trabajando en exceso a sus empleados. En todos estos casos los sindicatos, al exigir normas decentes, a menudo aumentaban la salud y el bienestar general de sus miembros al mismo tiempo que aumentaban sus salarios reales.

Pero en los últimos años, a medida que su poder ha ido creciendo y que la simpatía pública mal dirigida ha llevado a la tolerancia o al respaldo de prácticas antisociales, los sindicatos han ido más allá de sus objetivos legítimos. Fue una ganancia, no sólo para la salud y el bienestar, sino también a largo plazo para la producción, reducir una semana de setenta horas a una de sesenta horas. Fue una ganancia para la salud y el ocio reducir una semana de sesenta horas a una de cuarenta y ocho. Fue una ganancia para el ocio, pero no necesariamente para la producción y los ingresos, reducir una semana de cuarenta y ocho horas a una de cuarenta y cuatro horas. El valor para la salud y el ocio de reducir la semana laboral a cuarenta horas es mucho menor, la reducción de la producción y los ingresos es más clara. Pero los sindicatos ahora hablan, y a menudo hacen cumplir, las semanas de treinta y cinco y treinta horas, y niegan que éstas puedan o deban reducir la producción o los ingresos.

Pero no es sólo en la reducción de las horas de trabajo programadas que la política sindical ha trabajado en contra de la productividad. Esa es, de hecho, una de las formas menos dañinas en que lo ha hecho; por lo menos, la ganancia compensatoria ha sido clara. Pero muchos sindicatos han insistido en rígidas subdivisiones del trabajo que han elevado los costos de producción y han dado lugar a costosas y ridículas disputas «jurisdiccionales». Se han opuesto al pago sobre la base de la producción o la eficiencia, e insistido en las mismas tarifas horarias para todos sus miembros, independientemente de las diferencias de productividad

Han insistido en el ascenso por antigüedad más que por mérito. Han iniciado desaceleraciones deliberadas bajo el pretexto de luchar contra las «aceleraciones». Han denunciado, insistido en el despido, y a veces golpeado cruelmente, a hombres que resultaron ser más trabajadores que sus compañeros. Se han opuesto a la introducción o mejora de la maquinaria. Han insistido en las reglas de hacer el trabajo para requerir más gente o más tiempo para realizar una tarea determinada. Incluso han insistido, con la amenaza de arruinar a los empleadores, en la contratación de personas que no son necesarias en absoluto.

La mayoría de estas políticas se han seguido bajo el supuesto de que sólo hay una cantidad fija de trabajo por hacer, un «fondo de trabajo» definitivo que debe repartirse entre el mayor número de personas y horas posibles para no agotarlo demasiado pronto. Esta suposición es totalmente falsa. En realidad no hay ningún límite para la cantidad de trabajo a realizar. El trabajo crea trabajo. Lo que A produce constituye la demanda de lo que B produce.

Pero como esta falsa suposición existe, y como las políticas de los sindicatos se basan en ella, su efecto neto ha sido reducir la productividad por debajo de lo que hubiera sido de otro modo. Por lo tanto, su efecto neto, a largo plazo y para todos los grupos de trabajadores, ha sido reducir los salarios reales, es decir, los salarios en términos de los bienes que comprarán, por debajo del nivel al que de otro modo habrían subido. La verdadera causa del tremendo aumento de los salarios reales en el último medio siglo (especialmente en América) ha sido, para repetir, la acumulación de capital y el enorme avance tecnológico que ésta ha hecho posible.

La reducción de la tasa de aumento de los salarios reales no es, por supuesto, una consecuencia inherente a la naturaleza de los sindicatos. Ha sido el resultado de políticas miopes. Todavía hay tiempo para cambiarlas.

CAPÍTULO 20

«Lo suficiente para recomprar el producto»

Los escritores aficionados a la economía siempre piden precios «justos» y salarios «justos». Estas nebulosas concepciones de justicia económica nos llegan desde la época medieval. Los economistas clásicos elaboraron, en cambio, un concepto diferente: el concepto de precios y salarios funcionales. Los precios funcionales son aquellos que fomentan el mayor volumen de producción y el mayor volumen de ventas. Los salarios funcionales son los que tienden a generar el mayor volumen de empleo y las mayores nóminas.

El concepto de salario funcional ha sido asumido, de forma pervertida, por los marxistas y sus discípulos inconscientes, la escuela del poder adquisitivo. Ambos grupos dejan a las mentes más rudas la pregunta de si los salarios existentes son «justos». La verdadera pregunta, insisten, es si trabajarán o no. Y los únicos salarios que funcionarán, nos dicen, los únicos salarios que evitarán una inminente crisis económica, son los salarios que permitirán a la mano de obra «comprar de nuevo el producto que crea». Las escuelas marxistas y de poder adquisitivo atribuyen cada depresión del pasado a una falta de pago de tales salarios. Y no importa el momento en que hablen, están seguros de que los salarios no son lo suficientemente altos para comprar el producto.

La doctrina ha demostrado ser particularmente eficaz en manos de los líderes sindicales. Desesperados por su capacidad de despertar el interés altruista del público o de persuadir a los empleadores (malvados por definición) para que sean «justos», han aprovechado un argumento calculado para apelar a los motivos egoístas del público, y lo han asustado para obligar a los empleadores a conceder sus demandas.

¿Cómo vamos a saber, sin embargo, precisamente cuando la mano de obra tiene «suficiente para comprar el producto»? ¿O cuando tiene más que suficiente? ¿Cómo vamos a determinar cuál es la suma correcta? Como los defensores de la doctrina no parecen haber hecho ningún esfuerzo claro para responder a tales preguntas, estamos obligados a tratar de encontrar las respuestas por nosotros mismos.

Algunos patrocinadores de la teoría parecen insinuar que los trabajadores de cada industria deben recibir lo suficiente para volver a comprar el producto concreto que fabrican. Pero seguramente no pueden significar que los fabricantes de vestidos baratos deben tener suficiente para comprar vestidos baratos y los fabricantes de abrigos de visón suficiente para comprar abrigos de visón; o que los hombres en la planta de Ford deben recibir suficiente para comprar Ford y los hombres en la planta de Cadillac suficiente para comprar Cadillacs.

Sin embargo, es instructivo recordar que los sindicatos de la industria automovilística, en un momento en que la mayoría de sus miembros ya se encontraban en el tercio superior de los receptores de ingresos del país, y cuando su salario semanal, según las cifras del gobierno, ya era un 20 por ciento más alto que el salario medio pagado en las fábricas y casi el doble del promedio pagado en el comercio al por menor, estaban exigiendo un aumento del 30 por ciento para que pudieran, según uno de sus portavoces, «reforzar nuestra capacidad de absorber los bienes que tenemos la capacidad de producir».

¿Qué pasa entonces con el trabajador medio de la fábrica y el trabajador medio del comercio? Si, en tales circunstancias, los trabajadores de la industria automotriz necesitaban un aumento del 30 por ciento para evitar el colapso de la economía, ¿habría bastado un mero 30 por ciento para los demás? ¿O habrían necesitado aumentos del 55 al 160 por ciento para tener el mismo poder adquisitivo per cápita que los trabajadores del automóvil? (Podemos estar seguros, si la historia de la negociación salarial incluso *dentro de los sindicatos individuales sirve de* guía, de que los trabajadores del automóvil, si se hubiera hecho esta última propuesta, habrían insistido en el mantenimiento de sus diferenciales existentes; porque la pasión por la igualdad económica, tanto entre los miembros de los sindicatos como entre el resto de nosotros, es, con la excepción de algunos raros filántropos y santos, una pasión por conseguir tanto como los que están por encima de nosotros en la escala económica ya consiguen, más que una pasión por dar a los que están por debajo de nosotros tanto como nosotros mismos ya conseguimos. Pero es con la lógica y la solidez de una teoría económica particular, más que con estas angustiosas debilidades de la naturaleza humana, que estamos actualmente preocupados).

El argumento de que la mano de obra debe recibir lo suficiente para volver a comprar el producto es sólo una forma especial del argumento general del «poder adquisitivo». El salario de los trabajadores, se afirma correctamente, es el poder adquisitivo de los trabajadores. Pero también es cierto que los ingresos de todos —el del tendero, el del propietario, el del empleador— son su poder adquisitivo para comprar lo que otros tienen para vender. Y una de las cosas más importantes para las que otros tienen que encontrar compradores son sus servicios laborales.

Todo esto, además, tiene su reverso. *En una economía de intercambio, los ingresos de todos son el costo de alguien más.* Cada incremento en los salarios por hora, a menos o hasta ser compensado por un incremento igual en la productividad por hora, es un incremento en los costos de producción. Un aumento en los costos de producción, en el que el gobierno controla los precios y prohíbe cualquier aumento de los mismos, toma el beneficio de los productores marginales, los obliga a abandonar el negocio, significa una disminución de la producción y un aumento del desempleo. Incluso cuando un aumento de precio es posible, el precio más alto desalienta a los compradores, reduce el mercado y también conduce al desempleo. Si un aumento del 30 por ciento de los salarios por hora en todo el círculo fuerza un aumento del 30 por ciento de los precios, la mano de obra no puede comprar más del producto de lo que podría al principio; y el tiovivo debe empezar de nuevo.

Sin duda, muchos se inclinarán a rebatir la afirmación de que un aumento del 30 por ciento de los salarios puede obligar a un aumento porcentual tan grande de los precios. Es cierto que este resultado sólo puede seguirse a largo plazo y sólo si la política monetaria y crediticia lo permite. Si el dinero y el crédito son tan inelásticos que no aumentan cuando los salarios son forzados a subir (y si asumimos que los salarios más altos no están justificados por la productividad laboral existente en términos de dólares), entonces el principal efecto de forzar el aumento de los salarios será forzar el desempleo. Y es probable, en ese caso, que las nóminas totales, tanto en cantidad de dólares como en poder adquisitivo real, sean más bajas que antes. Porque una disminución del empleo (provocada por la política sindical y no como resultado transitorio del avance tecnológico) significa necesariamente que se están produciendo menos bienes para todos.

Y es poco probable que la mano de obra compense la caída absoluta de la producción obteniendo una mayor parte relativa de la producción que queda. Para Paul H. Douglas en América y A.C. Pigou en Inglaterra, el primero a partir del análisis de una gran masa de estadísticas, el segundo por métodos casi puramente deductivos, llegaron independientemente a la conclusión de que la elasticidad de la demanda de mano de obra está entre -3 y -4. Esto significa, en un lenguaje menos técnico, que «una reducción del 1 por ciento en la tasa real del salario es probable que expanda la demanda agregada de mano de obra en no menos del 3 por ciento»[4] o, para decirlo de otra manera, «si los salarios se elevan por encima del punto de productividad marginal, la disminución del empleo sería normalmente de tres a cuatro veces mayor que el aumento de las tasas horarias»[5] de modo que los ingresos totales de los trabajadores se reducirían en consecuencia.

Aunque se considere que estas cifras representan sólo la elasticidad de la demanda de mano de obra revelada en un período determinado del pasado, y no necesariamente para prever la del futuro, merecen la más seria consideración.

Pero ahora supongamos que el aumento de los salarios va acompañado o seguido de un aumento suficiente de dinero y de crédito para que se produzca sin crear un grave desempleo. Si suponemos que la relación anterior entre los salarios y los precios era en sí misma una relación «normal» a largo plazo, entonces es muy probable que un aumento forzado de, digamos, el 30% de los índices salariales conduzca en última instancia a un aumento de los precios de aproximadamente el mismo porcentaje.

La creencia de que el aumento de los precios sería sustancialmente menor que eso se basa en dos falacias principales. La primera es la de mirar sólo los costos de mano de obra directa de una empresa o industria en particular y asumir que estos representan todos los costos de mano de obra involucrados. Pero este es el error elemental de confundir una parte con el todo. Cada «industria» representa no sólo una sección del proceso productivo considerada «horizontalmente», sino sólo una sección de ese proceso considerada «verticalmente». Así, el costo laboral directo de la fabricación de automóviles en las propias fábricas de automóviles puede ser menos de un tercio, digamos, de los costos totales; y esto puede llevar a los incautos a concluir que un aumento del 30 por ciento en los salarios llevaría a un aumento de sólo el 10 por ciento, o menos, en los precios de los automóviles. Pero esto sería pasar por alto los costos salariales indirectos en las materias primas y las piezas compradas, en los gastos de transporte, en las nuevas fábricas o en las nuevas máquinas herramientas, o en el margen de beneficio de los concesionarios.

Las estimaciones del gobierno muestran que en el período de quince años comprendido entre 1929 y 1943, ambos inclusive, los sueldos y salarios en los Estados Unidos representaron en promedio el 69% del ingreso nacional. Estos sueldos y salarios, por supuesto, tuvieron que ser pagados con el producto nacional. Aunque tendría que haber tanto deducciones de esta cifra como adiciones a la misma para proporcionar una estimación justa de los ingresos de la «mano de obra», podemos asumir sobre esta base que los costes de la mano de obra no pueden ser inferiores a unos dos tercios de los costes totales de producción y pueden superar los tres cuartos (dependiendo de nuestra definición de «mano de obra»). Si tomamos la más baja de estas dos estimaciones, y asumimos también que los márgenes de beneficio en dólares se mantendrían inalterados, está claro que un aumento del 30 por ciento en los costes salariales en todo el círculo significaría un aumento de casi el 20 por ciento en los precios.

Pero tal cambio significaría que el margen de beneficio del dólar, que representa los ingresos de los inversores, gerentes y autónomos, tendría entonces, digamos, sólo un 84 por ciento del poder adquisitivo que tenía antes. El efecto a largo plazo de esto sería causar una disminución de la inversión y de las nuevas empresas en comparación con lo que hubiera sido de otro modo, y las consiguientes transferencias de hombres de los rangos inferiores de los autónomos a los rangos superiores de los asalariados, hasta que las relaciones anteriores se hubieran restaurado aproximadamente. Pero esta es sólo otra forma de decir que un aumento del 30 por ciento de los salarios en las condiciones asumidas significaría finalmente también un aumento del 30 por ciento de los precios.

No se deduce necesariamente que los asalariados no obtengan ganancias relativas. Realizarían una ganancia relativa y otros elementos de la población sufrirían una pérdida relativa, *durante el período de transición*. Pero es improbable que esta ganancia relativa signifique una ganancia absoluta. Porque el tipo de cambio en la relación de los costos con los precios que aquí se contempla difícilmente podría tener lugar sin provocar desempleo y una producción desequilibrada, interrumpida o reducida. Por lo tanto, mientras que la mano de obra podría obtener una porción más amplia de un pastel más pequeño, durante este período de transición y ajuste a un nuevo equilibrio, se puede dudar de si esto sería mayor en tamaño absoluto (y podría ser fácilmente menor) que la anterior porción más estrecha de un pastel más grande.

Esto nos lleva al significado y efecto general del *equilibrio* económico. Los salarios y precios de equilibrio son los salarios y precios que igualan la oferta y la demanda. Si, ya sea a través de la coacción gubernamental o privada, se intenta elevar los precios por encima de su nivel de equilibrio, la demanda se reduce y por lo tanto la producción se reduce. Si se intenta empujar los precios por debajo de su nivel de equilibrio, la consiguiente reducción o eliminación de beneficios significará una disminución de la oferta o de la nueva producción. Por lo tanto, un intento de forzar los precios por encima o por debajo de su nivel de equilibrio (que son los niveles hacia los que un mercado libre tiende constantemente a llevarlos) actuará para reducir el volumen de empleo y de producción por debajo de lo que habría sido de otro modo.

Para volver, entonces, a la doctrina de que la mano de obra debe obtener «lo suficiente para volver a comprar el producto». El producto nacional, debería ser obvio, no se crea ni se compra sólo por la mano de obra de fabricación.

Es comprado por todos — por trabajadores de cuello blanco, profesionales, agricultores, empleadores, grandes y pequeños, por inversionistas, almaceneros, carniceros, dueños de pequeñas farmacias y estaciones de gasolina — por todos, en resumen, que contribuyen a la fabricación del producto.

En cuanto a los precios, los salarios y los beneficios que deben determinar la distribución de ese producto, los mejores precios no son los más altos, sino los que fomentan el mayor volumen de producción y el mayor volumen de ventas. Los mejores salarios para la mano de obra no son los más altos, sino los que permiten la plena producción, el pleno empleo y las mayores nóminas sostenidas. Los mejores beneficios, desde el punto de vista no sólo de la industria sino del trabajo, no son los beneficios más bajos, sino los beneficios que animan a la mayoría de la gente a convertirse en empleadores o a proporcionar más empleo que antes.

Si intentamos dirigir la economía en beneficio de un solo grupo o clase, perjudicaremos o destruiremos a todos los grupos, incluyendo a los miembros de la misma clase en cuyo beneficio hemos estado intentando dirigirla. Debemos dirigir la economía para todos.

CAPÍTULO 21

La función de las ganancias

La indignación que muchas personas muestran hoy en día al mencionar la propia palabra «beneficios» indica lo poco que se entiende la función vital que los beneficios desempeñan en nuestra economía. Para aumentar nuestra comprensión, repasaremos algunos de los temas ya tratados en el capítulo 14 sobre el sistema de precios, pero veremos el tema desde un ángulo diferente.

Los beneficios no son muy grandes en nuestra economía total. Los ingresos netos de las empresas incorporadas en los quince años de 1929 a 1943, para tomar una cifra ilustrativa, promediaron menos del 5 por ciento del ingreso nacional total. Sin embargo, los «beneficios» son la forma de ingreso hacia la que hay más hostilidad. Es significativo que, si bien existe una palabra «aprovechado» para estigmatizar a los que obtienen beneficios supuestamente excesivos, no existe una palabra como «asalariado» o «perdedor». Sin embargo, las ganancias del propietario de una barbería pueden tener un promedio mucho menor no sólo que el salario de una estrella de cine o del jefe contratado de una corporación siderúrgica, sino incluso menos que el salario promedio de la mano de obra calificada.

El tema se ve empañado por todo tipo de conceptos erróneos sobre los hechos. Los beneficios totales de General Motors, la mayor corporación industrial del mundo, se toman como si fueran típicos y no excepcionales. Pocas personas conocen las tasas de mortalidad de las empresas. No saben (citando los estudios del TNEC) que «si prevalecen las condiciones de los negocios que promedian la experiencia de los últimos cincuenta años, alrededor de siete de cada diez tiendas de comestibles que se abran hoy en día sobrevivirán hasta el segundo año; sólo cuatro de los diez pueden esperar celebrar su cuarto cumpleaños». No saben que en cada año, de 1930 a 1938, en las estadísticas del impuesto sobre la renta, el número de empresas que registraron pérdidas superó el número de las que obtuvieron beneficios.

¿A cuánto ascienden los beneficios, en promedio? No se ha hecho ninguna estimación fiable que tenga en cuenta todo tipo de actividad, tanto las empresas no constituidas como las constituidas, y un número suficiente de años buenos y malos. Pero algunos eminentes economistas creen que durante un largo período de años, después de tener en cuenta todas las pérdidas, un interés mínimo «sin riesgo» sobre el capital invertido y un valor salarial «razonable» imputado de los servicios de las personas que dirigen su propio negocio, no puede quedar ningún beneficio neto, e incluso puede haber una pérdida neta. Esto no se debe en absoluto a que los empresarios (personas que se dedican a los negocios por cuenta propia) sean filántropos intencionales, sino a que su optimismo y confianza en sí mismos los llevan con demasiada frecuencia a emprender empresas que no tienen o no pueden tener éxito[6].

Está claro, en cualquier caso, que cualquier persona que coloque capital de riesgo corre el riesgo no sólo de no obtener ningún rendimiento, sino de perder todo su capital. En el pasado, ha sido la atracción de altos beneficios en empresas o industrias especiales lo que le ha llevado a tomar ese gran riesgo. Pero si los beneficios se limitan a un máximo de, digamos, el 10 por ciento o alguna cifra similar, mientras que el riesgo de perder todo el capital de uno sigue existiendo, ¿cuál será el efecto probable sobre el incentivo de los beneficios y, por lo tanto, sobre el empleo y la producción? El impuesto sobre el exceso de beneficios en tiempos de guerra ya nos ha mostrado lo que puede hacer ese límite, incluso durante un corto período, para socavar la eficiencia.

Sin embargo, la política gubernamental en casi todas partes hoy en día tiende a asumir que la producción continuará automáticamente, sin importar lo que se haga para desalentarla. Uno de los mayores peligros para la producción hoy en día proviene de las políticas gubernamentales de fijación de precios. Estas políticas no sólo dejan fuera de la producción un artículo tras otro al no dejar ningún incentivo para hacerlo, sino que su efecto a largo plazo es impedir un equilibrio de la producción de acuerdo con las demandas reales de los consumidores. Si la economía fuera libre, la demanda actuaría de manera que algunas ramas de la producción obtendrían lo que los funcionarios del gobierno considerarían sin duda como beneficios «excesivos» o «irrazonables». Pero ese mismo hecho no sólo haría que todas las empresas de esa línea ampliaran al máximo su producción y reinvirtieran sus beneficios en más maquinaria y más empleo, sino que también atraería a nuevos inversores y productores de todas partes, hasta que la producción de esa línea fuera lo suficientemente grande como para satisfacer la demanda y los beneficios en ella volvieran a caer al nivel medio general.

En una economía libre, en la que los salarios, los costos y los precios se dejan al libre juego del mercado competitivo, la perspectiva de los beneficios decide qué artículos se fabricarán y en qué cantidades, y qué artículos no se fabricarán en absoluto. Si no hay beneficios en la fabricación de un artículo, es señal de que el trabajo y el capital dedicados a su producción están mal dirigidos: el valor de los recursos que deben ser utilizados en la fabricación del artículo es mayor que el valor del propio artículo.

Una de las funciones de los beneficios, en resumen, es orientar y canalizar los factores de producción para repartir la producción relativa de miles de productos básicos diferentes de acuerdo con la demanda. Ningún burócrata, por muy brillante que sea, puede resolver este problema arbitrariamente. Los precios libres y los beneficios libres maximizarán la producción y aliviarán la escasez más rápidamente que cualquier otro sistema. Los precios fijados arbitrariamente y los beneficios arbitrariamente limitados sólo pueden prolongar la escasez y reducir la producción y el empleo.

La función de los beneficios, por último, es ejercer una presión constante e incesante sobre el jefe de cada empresa competitiva para introducir nuevas economías y eficiencias, independientemente de la fase en que éstas ya se hayan producido. En los buenos tiempos lo hace para aumentar aún más sus beneficios; en los tiempos normales lo hace para mantenerse por delante de sus competidores; en los malos tiempos puede que tenga que hacerlo para sobrevivir en absoluto. Porque los beneficios no sólo pueden llegar a cero, sino que pueden convertirse rápidamente en pérdidas, y el hombre se esforzará más por salvarse de la ruina que por mejorar su posición.

Los beneficios, en resumen, resultantes de las relaciones de los costos con los precios, no sólo nos dicen qué bienes es más económico hacer, sino cuáles son las formas más económicas de hacerlos. Estas preguntas deben ser respondidas por un sistema socialista no menos que por uno capitalista; deben ser respondidas por cualquier sistema económico concebible; y para la abrumadora mayoría de las mercancías y servicios que se producen, las respuestas proporcionadas por las ganancias y pérdidas bajo la libre empresa competitiva son incomparablemente superiores a las que se podrían obtener por cualquier otro método.

CAPÍTULO 22
El espejismo de la inflación

He encontrado necesario advertir al lector de vez en cuando que un cierto resultado se derivaría necesariamente de una cierta política «siempre que no haya inflación». En los capítulos sobre obras públicas y crédito dije que un estudio de las complicaciones introducidas por la inflación tendría que ser aplazado. Pero el dinero y la política monetaria forman una parte tan íntima y a veces tan inextricable de todo proceso económico que esta separación, incluso con fines expositivos, era muy difícil; y en los capítulos sobre el efecto de las diversas políticas salariales del gobierno o de la Unión en el empleo, los beneficios y la producción, algunos de los efectos de las diferentes políticas monetarias tenían que ser considerados inmediatamente.

Antes de considerar cuáles son las consecuencias de la inflación en casos específicos, debemos considerar cuáles son sus consecuencias en general. Incluso antes de eso, parece deseable preguntarse por qué se ha recurrido constantemente a la inflación, por qué ha tenido un atractivo popular inmemorial y por qué su música de sirena ha tentado a una nación tras otra en el camino del desastre económico.

El error más obvio y a la vez más antiguo y obstinado en el que descansa el atractivo de la inflación es el de confundir el «dinero» con la riqueza. «Esa riqueza consiste en dinero, o en oro y plata», escribió Adam Smith hace casi dos siglos,

> es una noción popular que surge naturalmente de la doble función del dinero, como instrumento de comercio y como medida del valor…. Enriquecerse es conseguir dinero; y la riqueza y el dinero, en resumen, son, en

el lenguaje común, considerados como en todos los aspectos sinónimos.

La verdadera riqueza, por supuesto, consiste en lo que se produce y consume: la comida que comemos, la ropa que usamos, las casas en las que vivimos. Son los ferrocarriles y las carreteras y los automóviles; los barcos y los aviones y las fábricas; las escuelas e iglesias y los teatros; los pianos, las pinturas y los libros. Sin embargo, es tan poderosa la ambigüedad verbal que confunde el dinero con la riqueza, que incluso aquellos que a veces reconocen la confusión se deslizarán de nuevo en ella en el curso de su razonamiento. Cada hombre ve que si él personalmente tuviera más dinero podría comprar más cosas de otros. Si tuviera el doble de dinero podría comprar el doble de cosas; si tuviera el triple de dinero «valdría» el triple. Y a muchos les parece obvia la conclusión de que si el gobierno simplemente emitiera más dinero y lo distribuyera a todo el mundo, todos seríamos mucho más ricos.

Estos son los inflacionistas más ingenuos. Hay un segundo grupo, menos ingenuo, que ve que si todo fuera tan fácil como eso el gobierno podría resolver todos nuestros problemas simplemente imprimiendo dinero. Perciben que debe haber una trampa en alguna parte; así que limitarían de alguna manera la cantidad de dinero adicional que tendrían el asunto del gobierno. Lo harían imprimir sólo lo suficiente para compensar alguna supuesta «deficiencia» o «brecha».

El poder adquisitivo es crónicamente deficiente, piensan, porque la industria de alguna manera no distribuye suficiente dinero a los productores para que puedan volver a comprar, como consumidores, el producto que se fabrica. Hay una misteriosa «fuga» en algún lugar. Un grupo lo «prueba» mediante ecuaciones. En un lado de sus ecuaciones cuentan un artículo sólo una vez; en el otro lado, sin saberlo, cuentan el mismo artículo varias veces. Esto produce una brecha alarmante entre lo que llaman «pagos A» y lo que llaman «pagos A+B». Así que encontraron un movimiento, se pusieron uniformes verdes e insistieron en que el gobierno emitiera dinero o «créditos» para compensar los pagos B que faltaban.

Los burdos apóstoles del «crédito social» pueden parecer ridículos; pero hay un número indefinido de escuelas de inflacionistas sólo ligeramente más sofisticadas que tienen planes «científicos» para emitir sólo suficiente dinero o crédito adicional para llenar alguna supuesta «deficiencia» o «brecha» crónica o periódica que calculan de alguna otra manera.

Los inflacionistas más sabios reconocen que cualquier aumento sustancial de la cantidad de dinero reducirá el poder adquisitivo de cada unidad monetaria individual, es decir, que provocará un aumento de los precios de los productos básicos. Pero esto no los perturba. Por el contrario, es precisamente por eso que quieren la inflación. Algunos de ellos argumentan que este resultado mejorará la posición de los deudores pobres en comparación con los acreedores ricos. Otros piensan que estimulará las exportaciones y desalentará las importaciones. Otros piensan que es una medida esencial para curar una depresión, para «volver a poner en marcha la industria» y para lograr el «pleno empleo».

Existen innumerables teorías sobre la forma en que el aumento de las cantidades de dinero (incluido el crédito bancario) afecta a los precios. Por un lado, como acabamos de ver, son los que imaginan que la cantidad de dinero podría incrementarse en casi cualquier cantidad sin afectar a los precios. Ellos simplemente ven este aumento de dinero como un medio para aumentar el «poder adquisitivo» de todos, en el sentido de permitir a todos comprar más bienes que antes. O bien no se paran a recordarse a sí mismos que la gente colectivamente no puede comprar el doble de mercancías que antes a menos que se produzcan el doble de mercancías, o imaginan que lo único que frena un aumento indefinido de la producción no es la escasez de mano de obra, de horas de trabajo o de capacidad productiva, sino simplemente la escasez de demanda monetaria: si la gente quiere las mercancías, supone, y tiene el dinero para pagarlas, las mercancías se producirán casi automáticamente.

Por otro lado, el grupo —y ha incluido a algunos eminentes economistas- que sostiene una rígida teoría mecánica del efecto de la oferta de dinero en los precios de los productos básicos. Todo el dinero de una nación, como estos teóricos imaginan el asunto, se ofrecerá contra todas las mercancías. Por lo tanto, el valor de la cantidad total de dinero multiplicado por su «velocidad de circulación» debe ser siempre igual al valor de la cantidad total de bienes comprados. Por lo tanto, además (suponiendo que no se produzca ningún cambio en la «velocidad de circulación»), el valor de la unidad monetaria debe variar exacta e inversamente con la cantidad puesta en circulación. Duplicando la cantidad de dinero y el crédito bancario se duplica exactamente el «nivel de precios»; triplicándolo y triplicando exactamente el nivel de precios. Multiplicar la cantidad de dinero n veces, en definitiva, y hay que multiplicar los precios de los bienes *n veces*.

No hay espacio aquí para explicar todas las falacias de esta imagen plausible[7]. En cambio, trataremos de ver por qué y cómo un aumento de la cantidad de dinero eleva los precios.

Una mayor cantidad de dinero entra en existencia de una manera específica. Digamos que se crea porque el gobierno hace mayores gastos de los que puede o desea afrontar con el producto de los impuestos (o de la venta de bonos pagados por el pueblo con sus ahorros reales). Supongamos, por ejemplo, que el gobierno imprime dinero para pagar a los contratistas de guerra. Entonces el primer efecto de estos gastos será aumentar los precios de los suministros utilizados en la guerra y poner dinero adicional en manos de los contratistas de guerra y sus empleados. (Como, en nuestro capítulo sobre la fijación de precios, aplazamos en aras de la simplicidad algunas complicaciones introducidas por una inflación, así, al considerar ahora la inflación, podemos pasar por alto las complicaciones introducidas por un intento de fijación de precios por parte del gobierno. Cuando se consideren éstas se verá que no cambian el análisis esencial. Conducen simplemente a una especie de inflación respaldada que reduce u oculta algunas de las consecuencias anteriores a expensas de agravar las posteriores).

Los contratistas de la guerra y sus empleados, entonces, tendrán mayores ingresos monetarios. Los gastarán para los bienes y servicios particulares que quieran. Los vendedores de estos bienes y servicios podrán aumentar sus precios debido a esta mayor demanda. Aquellos que tengan los mayores ingresos monetarios estarán dispuestos a pagar estos precios más altos en lugar de prescindir de los bienes; porque tendrán más dinero, y un dólar tendrá un valor subjetivo menor a los ojos de cada uno de ellos.

Llamemos a los contratistas de guerra y a sus empleados grupo A, y a aquellos a los que compran directamente sus bienes y servicios añadidos grupo B. El grupo B, como resultado del aumento de las ventas y los precios, comprará ahora a su vez más bienes y servicios de un grupo aún más amplio, el C. El grupo C, a su vez, podrá aumentar sus precios y tendrá más ingresos para gastar en el grupo D, y así sucesivamente, hasta que el aumento de los precios y los ingresos monetarios haya cubierto prácticamente toda la nación. Cuando el proceso se haya completado, casi todo el mundo tendrá un mayor ingreso medido en términos de dinero. Pero (suponiendo que la producción de bienes y servicios no haya aumentado) *los precios* de los bienes y servicios habrán aumentado en consecuencia; y la nación no será más rica que antes.

Esto no significa, sin embargo, que la riqueza y los ingresos relativos o absolutos de todos seguirán siendo los mismos que antes. Al contrario, el proceso de inflación afectará sin duda a la fortuna de un grupo de forma diferente a la de otro. Los primeros grupos que reciban el dinero adicional serán los más beneficiados. Los ingresos monetarios del grupo A, por ejemplo, habrán aumentado antes de que los precios hayan aumentado, de modo que podrán comprar casi un aumento proporcional de los bienes. Los ingresos monetarios del grupo B avanzarán más tarde, cuando los precios ya hayan aumentado un poco; pero el grupo B también estará mejor en términos de bienes. Mientras tanto, sin embargo, los grupos que todavía no han recibido ningún adelanto en sus ingresos monetarios se verán obligados a pagar precios más altos por las cosas que compren, lo que significa que se verán obligados a llevar un nivel de vida más bajo que antes.

Podemos aclarar más el proceso mediante un conjunto hipotético de cifras. Supongamos que dividimos la comunidad arbitrariamente en cuatro grupos principales de productores, A, B, C y D, que obtienen el beneficio de la inflación en ese orden. Entonces, cuando los ingresos monetarios del grupo A ya han aumentado un 30 por ciento, los precios de las cosas que compran todavía no han aumentado en absoluto. Cuando los ingresos monetarios del grupo B han aumentado un 20 por ciento, los precios todavía han aumentado un promedio de sólo el 10 por ciento. Sin embargo, cuando los ingresos monetarios del grupo C han aumentado sólo un 10 por ciento, los precios ya han subido un 15 por ciento. Y cuando los ingresos monetarios del grupo D todavía no han aumentado en absoluto, los precios medios que tienen que pagar por las cosas que compran han subido un 20 por ciento. En otras palabras, las ganancias de los primeros grupos de productores que se benefician de la inflación por el aumento de los precios o los salarios son necesariamente a expensas de las pérdidas sufridas (como consumidores) por los últimos grupos de productores que pueden aumentar sus precios o salarios.

Puede ser que, si la inflación se detiene después de algunos años, el resultado final sea, por ejemplo, un aumento medio del 25% de los ingresos monetarios y un aumento medio de los precios de igual cuantía, ambos distribuidos equitativamente entre todos los grupos. Pero esto no anulará las ganancias y pérdidas del período de transición. El Grupo D, por ejemplo, aunque sus propios ingresos y precios hayan avanzado por fin un 25 por ciento, sólo podrá comprar tantos bienes y servicios como antes de que comenzara la inflación. Nunca compensará sus pérdidas durante el período en que sus ingresos y precios no habían aumentado en absoluto, aunque tuvo que pagar un 30% más por los bienes y servicios que compró a los otros grupos productores de la comunidad, A, B y C.

Así que la inflación resulta ser sólo un ejemplo más de nuestra lección central. Puede traer beneficios por un corto tiempo a los grupos favorecidos, pero sólo a expensas de otros. Y a largo plazo trae consecuencias desastrosas para toda la comunidad. Incluso una inflación relativamente leve distorsiona la estructura de la producción. Lleva a la sobreexpansión de algunas industrias a expensas de otras. Esto implica una mala aplicación y un desperdicio de capital. Cuando la inflación se derrumba, o se detiene, la inversión de capital mal dirigida —ya sea en forma de máquinas, fábricas o edificios de oficinas— no puede producir un rendimiento adecuado y pierde la mayor parte de su valor.

Tampoco es posible detener la inflación de manera suave y gentil, y así evitar una depresión posterior. Ni siquiera es posible detener la inflación, una vez que se ha iniciado, en algún punto preconcebido, o cuando los precios han alcanzado un nivel previamente acordado; porque tanto las fuerzas políticas como las económicas se habrán salido de control. No se puede argumentar a favor de un avance del 25 por ciento de los precios por la inflación sin que alguien afirme que el argumento es dos veces mejor para un avance del 50 por ciento, y alguien más añada que es cuatro veces mejor para un avance del 100 por ciento. Los grupos de presión política que se han beneficiado de la inflación insistirán en su continuidad.

Es imposible, además, controlar el valor del dinero bajo la

inflación. Porque, como hemos visto, la causalidad nunca es meramente mecánica. No se puede, por ejemplo, decir de antemano que un aumento del 100 por ciento en la cantidad de dinero significará una caída del 50 por ciento en el valor de la unidad monetaria. El valor del dinero, como hemos visto, depende de las valoraciones subjetivas de las personas que lo poseen. Y esas valoraciones no dependen únicamente de la cantidad que cada persona posee. También dependen de la *calidad* del dinero. En tiempos de guerra el valor de la unidad monetaria de una nación, no del patrón oro, subirá en las divisas con la victoria y caerá con la derrota, independientemente de los cambios en su cantidad. La valoración actual a menudo dependerá de lo que la gente espera que sea la *futura* cantidad de dinero. Y, al igual que con los productos básicos en los intercambios especulativos, la valoración del dinero de cada persona se ve afectada no sólo por lo que él piensa que es su valor, sino por lo que él piensa que va a ser *la valoración del dinero de todos los demás*.

Todo esto explica por qué, cuando se ha producido la superinflación, el valor de la unidad monetaria cae a un ritmo mucho más rápido de lo que aumenta o puede aumentar la cantidad de dinero. Cuando se alcanza esta etapa, el desastre está casi completo; y el esquema está en bancarrota.

Sin embargo, el ardor por la inflación nunca muere. Casi parece que ningún país es capaz de beneficiarse de la experiencia de otro y ninguna generación de aprender de los sufrimientos de sus antepasados. Cada generación y país sigue el mismo espejismo. Cada uno se aferra a la misma fruta del Mar Muerto que se convierte en polvo y cenizas en su boca. Porque es la naturaleza de la inflación dar a luz a mil ilusiones.

En nuestros días, el argumento más persistente que se presenta para la inflación es que «hará girar las ruedas de la industria», que nos salvará de las pérdidas irrecuperables del estancamiento y la ociosidad y traerá el «pleno empleo». Este argumento, en su forma más burda, se basa en la confusión inmemorial entre el dinero y la riqueza real. Asume que un nuevo «poder adquisitivo» está siendo traído a la existencia, y que los efectos de este nuevo poder adquisitivo se multiplican en círculos cada vez más amplios, como las ondas causadas por una piedra lanzada a un estanque. El verdadero poder adquisitivo de los bienes, sin embargo, como hemos visto, consiste en otros bienes. No se puede aumentar maravillosamente sólo imprimiendo más trozos de papel llamados dólares. Fundamentalmente, lo que sucede en una economía de intercambio es que las cosas que A produce se intercambian por las cosas que B produce.[8]

Lo que la inflación realmente hace es cambiar las relaciones de los precios y los costos. El cambio más importante que se pretende lograr es aumentar los precios de los productos básicos en relación con los salarios, y así restablecer los beneficios de las empresas y fomentar la reanudación de la producción en los puntos en que existen recursos ociosos, restableciendo una relación viable entre los precios y los costos de producción.

Debe quedar claro inmediatamente que esto podría lograrse de manera más directa y honesta mediante una reducción de los salarios. Pero los defensores más sofisticados de la inflación creen que esto es ahora políticamente imposible. A veces van más allá y afirman que todas las propuestas, bajo cualquier circunstancia, de reducir determinadas tasas salariales directamente para reducir el desempleo son «antilaborales». Pero lo que ellos mismos proponen, expresado en términos generales, es engañar a la mano de obra reduciendo las tasas de salario real (es decir, las tasas de salario en términos de poder adquisitivo) mediante un aumento de los precios.

Lo que olvidan es que el trabajo en sí se ha vuelto sofisticado; que los grandes sindicatos emplean economistas laborales que saben de números de índice, y que el trabajo no se engaña. Por lo tanto, en las condiciones actuales, parece poco probable que la política cumpla sus objetivos económicos o políticos.

Porque son precisamente los sindicatos más poderosos, cuyos índices salariales tienen más probabilidades de necesitar una corrección, los que insistirán en que sus índices salariales se eleven al menos en proporción a cualquier aumento del índice del costo de la vida. Las relaciones inviables entre los precios y los principales índices salariales, si prevalece la insistencia de los sindicatos poderosos, se mantendrán. La estructura de los salarios, de hecho, puede llegar a estar aún más distorsionada, ya que la gran masa de trabajadores no organizados, cuyas tasas salariales incluso antes de la inflación no estaban fuera de línea (e incluso pueden haber sido indebidamente deprimidas por el exclusionismo sindical), se verán aún más penalizadas durante la transición por el aumento de los precios.

Los defensores más sofisticados de la inflación, en resumen, son poco honestos. No exponen su caso con total franqueza; y terminan engañándose incluso a sí mismos. Comienzan a hablar de papel moneda, como los inflacionistas más ingenuos, como si fuera en sí una forma de riqueza que podría ser creada a voluntad en la imprenta. Incluso discuten solemnemente un «multiplicador», por el cual cada dólar impreso y gastado por el gobierno se convierte mágicamente en el equivalente a varios dólares añadidos a la riqueza del país.

En resumen, desvían tanto la atención del público como la suya propia de las causas reales de cualquier depresión existente. Las causas reales, la mayoría de las veces, son desajustes dentro de la estructura sueldos-costes-precios: desajustes entre los salarios y los precios, entre los precios de las materias primas y los precios de los productos acabados, o entre un precio y otro, o un salario y otro. En algún momento estos desajustes han eliminado el incentivo para producir, o han hecho realmente imposible que la producción continúe; y a través de la interdependencia orgánica de nuestra economía de intercambio, la depresión se extiende. No es hasta que estos desajustes se corrigen que se puede reanudar la plena producción y el empleo.

Es cierto que la inflación puede a veces corregirlos; pero es un método embriagador y peligroso. No hace sus correcciones abiertamente y con honestidad, sino mediante el uso de la ilusión. Es como hacer que la gente se levante una hora antes sólo haciéndoles creer que son las ocho cuando en realidad son las siete. Tal vez no sea una mera coincidencia que un mundo que tiene que recurrir al engaño de adelantar todos sus relojes una hora para lograr este resultado sea un mundo que tiene que recurrir a la inflación para lograr un resultado análogo en la esfera económica.

Porque la inflación echa un velo de ilusión sobre cada proceso económico. Confunde y engaña a casi todo el mundo, incluso a los que sufren por ella. Todos estamos acostumbrados a medir nuestros ingresos y riqueza en términos de dinero. El hábito mental es tan fuerte que ni siquiera los economistas y estadísticos profesionales pueden romperlo sistemáticamente. No es fácil ver las relaciones siempre en términos de bienes reales y bienestar real. ¿Quién de nosotros no se siente más rico y orgulloso cuando se le dice que nuestro ingreso nacional se ha duplicado (en términos de dólares, por supuesto) en comparación con algún período pre-inflacionario? Incluso el empleado que solía recibir 25 dólares a la semana y ahora recibe 35 dólares piensa que debe estar de alguna manera mejor, aunque le cuesta el doble de lo que le costaba vivir cuando recibía 25 dólares. Por supuesto que no está ciego al aumento del coste de la vida. Pero tampoco es tan consciente de su verdadera posición como lo habría sido si su coste de vida no hubiera cambiado y si su salario se hubiera reducido para darle el mismo poder adquisitivo que tiene ahora, a pesar del aumento de su salario, debido a los precios más altos. La inflación es la autosugestión, el hipnotismo, el anestésico, que le ha amortiguado el dolor de la operación. La inflación es el opio del pueblo.

Y esta es precisamente su función política. Es porque la inflación confunde todo a lo que recurren constantemente nuestros modernos gobiernos de «economía planificada». Vimos en el capítulo 14, para tomar un ejemplo, que la creencia de que las obras públicas crean necesariamente nuevos empleos es falsa. Si el dinero fue recaudado por los impuestos, vimos, entonces por cada dólar que el gobierno gastó en obras públicas un dólar menos fue gastado por los contribuyentes para satisfacer sus propios deseos, y por cada trabajo público creado un trabajo privado fue destruido.

Pero supongamos que las obras públicas no se pagan con el producto de los impuestos. Supongamos que se pagan con la financiación del déficit, es decir, con el producto de los préstamos del gobierno o con el recurso a la imprenta. Entonces el resultado que acabamos de describir no parece tener lugar. Las obras públicas parecen crearse a partir de un «nuevo» poder adquisitivo. No se puede decir que el poder adquisitivo haya sido arrebatado a los contribuyentes. Por el momento, la nación parece haber obtenido algo por nada.

Pero ahora, de acuerdo con nuestra lección, veamos las consecuencias a largo plazo. El préstamo debe ser devuelto algún día. El gobierno no puede seguir acumulando deuda indefinidamente; porque si lo intenta, algún día se convertirá en una bancarrota. Como Adam Smith observó en 1776:

> Cuando las deudas nacionales se han acumulado hasta cierto punto, creo que hay pocos casos en los que se hayan pagado de forma justa y completa. La liberación de los ingresos públicos, si es que alguna vez se ha producido, siempre se ha producido por una quiebra; a veces por una declarada, pero siempre por una real, aunque frecuentemente por un pago fingido.

Sin embargo, cuando el gobierno viene a devolver la deuda que ha acumulado para obras públicas, debe necesariamente gravar más de lo que gasta. Por lo tanto, en este último período, debe necesariamente destruir más empleos de los que crea. La carga fiscal adicional que se requiere en ese momento no sólo reduce el poder adquisitivo, sino que también disminuye o destruye los incentivos a la producción y, por lo tanto, reduce la riqueza y los ingresos totales del país.

La única salida a esta conclusión es suponer (como por supuesto hacen siempre los apóstoles del gasto) que los políticos en el poder gastarán el dinero sólo en lo que de otro modo habrían sido períodos de depresión o «deflación», y pagarán rápidamente la deuda en lo que de otro modo habrían sido períodos de auge o «inflación». Esta es una ficción seductora, pero desafortunadamente los políticos en el poder nunca han actuado de esa manera. Además, las previsiones económicas son tan precarias, y las presiones políticas en juego son de tal naturaleza, que es poco probable que los gobiernos actúen nunca de esa manera. El gasto deficitario, una vez iniciado, crea poderosos intereses creados que exigen su continuidad en todas las condiciones.

Si no se hace un intento honesto de pagar la deuda acumulada, y en su lugar se recurre a la inflación pura y dura, entonces se obtienen los resultados que ya hemos descrito. Porque el país en su conjunto no puede conseguir nada sin pagar por ello. La inflación en sí misma es una forma de impuesto. Es tal vez la peor forma posible, que suele ser más dura para los menos capaces de pagar. Suponiendo que la inflación afectara a todos y a todo por igual (lo que, como hemos visto, nunca es cierto), equivaldría a un impuesto sobre las ventas a tanto alzado del mismo porcentaje sobre todos los productos básicos, con la misma tasa sobre el pan y la leche que sobre los diamantes y las pieles. O podría pensarse que equivale a un impuesto fijo del mismo porcentaje, sin exenciones, sobre los ingresos de todos. Es un impuesto no sólo sobre los gastos de cada individuo, sino sobre su cuenta de ahorros y su seguro de vida. Es, de hecho, un impuesto fijo sobre el capital, sin exenciones, en el que el pobre paga un porcentaje tan alto como el rico.

Pero la situación es aún peor que esto, porque, como hemos visto, la inflación no afecta ni puede afectar a todos por igual. Algunos sufren más que otros. Los pobres pueden estar más gravados por la inflación, en términos porcentuales, que los ricos. Porque la inflación es un tipo de impuesto que está fuera del control de las autoridades fiscales. Golpea de forma gratuita en todas las direcciones. La tasa de impuesto impuesta por la inflación no es fija: no puede ser determinada de antemano. Sabemos lo que es hoy, no sabemos lo que será mañana, y mañana no sabremos lo que será pasado mañana.

Como cualquier otro impuesto, la inflación actúa para determinar las políticas individuales y empresariales que todos estamos obligados a seguir. Desalienta toda prudencia y ahorro. Fomenta el despilfarro, el juego, el derroche imprudente de todo tipo. A menudo hace que sea más rentable especular que producir. Destruye todo el tejido de las relaciones económicas estables. Sus injusticias inexcusables llevan a los hombres a remedios desesperados. Planta las semillas del fascismo y el comunismo. Lleva a los hombres a exigir controles totalitarios. Termina invariablemente en una amarga desilusión y colapso.

CAPÍTULO 23

El asalto al ahorro

Desde tiempos inmemoriales la sabiduría proverbial ha enseñado las virtudes del ahorro, y ha advertido de las consecuencias de la prodigalidad y el despilfarro. Esta proverbial sabiduría ha reflejado la ética común así como los juicios meramente prudenciales de la humanidad. Pero siempre ha habido derrochadores, y aparentemente siempre ha habido teóricos para racionalizar su derroche.

Los economistas clásicos, refutando las falacias de su propio tiempo, mostraron que la política de ahorro que estaba en el mejor interés del individuo también estaba en el mejor interés de la nación. Demostraron que el ahorrador racional, al hacer previsiones para su propio futuro, no estaba dañando, sino ayudando, a toda la comunidad. Pero hoy en día la antigua virtud del ahorro, así como su defensa por los economistas clásicos, está una vez más bajo ataque, por razones supuestamente nuevas, mientras que la doctrina opuesta del gasto está de moda.

Para que la cuestión fundamental quede lo más clara posible, no podemos hacerlo mejor, creo, que empezar con el ejemplo clásico utilizado por Bastiat. Imaginemos dos hermanos, entonces, uno un derrochador y el otro un hombre prudente, cada uno de los cuales ha heredado una suma para obtener un ingreso de 50.000 dólares al año. Descartaremos el impuesto sobre la renta, y la cuestión de si ambos hermanos deben realmente trabajar para ganarse la vida, porque tales cuestiones son irrelevantes para nuestro propósito actual.

Alvin, entonces, el primer hermano, es un derrochador espléndido. No sólo gasta por temperamento, sino por principio. Es discípulo (no hay que retroceder más) de Rodbertus, quien declaró a mediados del siglo XIX que los capitalistas «deben gastar sus ingresos hasta el último centavo en comodidades y lujos», ya que si «se empeñan en ahorrar... los bienes se acumulan, y una parte de los obreros no tendrá trabajo»[9]. A Alvin se le ve siempre en los clubes nocturnos; da buenas propinas; mantiene un establecimiento pretencioso, con muchos sirvientes; tiene un par de chóferes, y no escatima en el número de coches que posee; mantiene un establo de carreras; dirige un yate; viaja; carga a su mujer con pulseras de diamantes y abrigos de piel; da regalos caros e inútiles a sus amigos.

Para hacer todo esto tiene que cavar en su capital. ¿Pero qué pasa con él? Si salvar es un pecado, disentir debe ser una virtud; y en cualquier caso, está simplemente compensando el daño causado por el ahorro de su hermano Benjamín.

No hace falta decir que Alvin es un gran favorito de las chicas de los sombreros, los camareros, los restauradores, los peleteros, los joyeros, los establecimientos de lujo de todo tipo. Lo consideran un benefactor público. Ciertamente es obvio para todos que está dando empleo y repartiendo su dinero.

Comparado con él, el hermano Benjamín es mucho menos popular. Rara vez se le ve en las joyerías, los peleteros o los clubes nocturnos, y no llama a los camareros por sus nombres de pila. Mientras que Alvin no sólo gasta los 50.000 dólares de ingresos totales cada año, sino que además está buscando capital, Benjamin vive mucho más modestamente y sólo gasta unos 25.000 dólares. Obviamente, piense en la gente que sólo ve lo que le golpea en el ojo, él está proporcionando menos de la mitad del empleo que Alvin, y los otros 25.000 dólares son tan inútiles como si no existieran.

Pero veamos lo que Benjamin hace realmente con estos

otros 25.000 dólares. En promedio, da 5.000 dólares a causas caritativas, incluyendo la ayuda a amigos necesitados. Las familias que son ayudadas por estos fondos a su vez los gastan en comestibles, ropa o vivienda. Así que los fondos crean tanto empleo como si Benjamin los hubiera gastado directamente en él. La diferencia es que más gente es feliz como consumidores, y que la producción se destina más a bienes esenciales y menos a lujos y superfluas.

Este último punto es uno que a menudo preocupa a Benjamin. Su conciencia a veces le preocupa incluso por los 25.000 dólares que gasta. La clase de vulgaridad y gasto imprudente que Alvin se permite, piensa, no sólo ayuda a generar insatisfacción y envidia en aquellos que encuentran difícil ganarse la vida decentemente, sino que en realidad aumenta sus dificultades. En cualquier momento, como Benjamín lo ve, el poder de producción real de la nación es limitado. Cuanto más se desvíe para producir frivolidades y lujos, menos queda para producir lo esencial de la vida para aquellos que lo necesitan[10]. Cuanto menos se retira de la reserva de riqueza existente para su propio uso, más se deja para los demás. La prudencia en los gastos de consumo, cree, mitiga los problemas planteados por las desigualdades de riqueza e ingresos. Se da cuenta de que esta restricción consumista puede ser llevada demasiado lejos; pero debería haber algo de ello, siente, en todos aquellos cuyos ingresos están sustancialmente por encima de la media.

Ahora veamos, aparte de las ideas de Benjamín, qué pasa con los 20.000 dólares que no gasta ni regala. No deja que se amontonen en su cartera, en los cajones de su escritorio o en su caja fuerte. Los deposita en un banco o los invierte. Si lo pone en un comercial o en una caja de ahorros, el banco lo presta a negocios en marcha a corto plazo para capital de trabajo, o lo usa para comprar valores. En otras palabras, Benjamin invierte su dinero directa o indirectamente. Pero cuando el dinero se invierte se utiliza para comprar bienes de capital —casas o edificios de oficinas o fábricas o barcos o camiones de motor o máquinas. Cualquiera de estos proyectos pone en circulación tanto dinero y da tanto empleo como la misma cantidad de dinero gastada directamente en el consumo.

«Ahorrar», en resumen, en el mundo moderno, es sólo otra forma de gasto. La diferencia habitual es que el dinero se entrega a otra persona para que lo gaste en medios para aumentar la producción. En lo que respecta a dar empleo, el «ahorro» y el gasto de Benjamín combinados dan tanto como el gasto de Alvin solo, y ponen tanto dinero en circulación. La principal diferencia es que el empleo que proporciona el gasto de Alvin puede ser visto por cualquiera con un solo ojo; pero es necesario mirar un poco más cuidadosamente, y pensar un momento, para reconocer que cada dólar del ahorro de Benjamin da tanto empleo como cada dólar que Alvin tira.

Pasan una docena de años. Alvin está en bancarrota. Ya no se le ve en los clubes nocturnos y en las tiendas de moda; y aquellos a los que antes patrocinaba, cuando hablan de él, se refieren a él como un tonto. Escribe cartas de súplica a Benjamín. Y Benjamín, que continúa con la misma proporción de gastos y ahorros, proporciona más empleos que nunca, porque sus ingresos, a través de la inversión, han crecido. Su riqueza de capital también es mayor. Además, gracias a sus inversiones, la riqueza y los ingresos nacionales son mayores; hay más fábricas y más producción.

Han surgido tantas falacias sobre el ahorro en los últimos años que no se puede responder a todas ellas con nuestro ejemplo de los dos hermanos. Es necesario dedicarles un poco más de espacio. Muchas se derivan de confusiones tan elementales que parecen increíbles, particularmente cuando se encuentran en escritores económicos de gran reputación. La palabra «ahorro», por ejemplo, se utiliza a veces para significar mero *acaparamiento* de dinero, y a veces para significar *inversión*, sin una clara distinción, mantenida constantemente, entre los dos usos.

El mero acaparamiento de dinero de mano en mano, si tiene lugar de forma irracional, sin causa y a gran escala, es, en la mayoría de las situaciones económicas, perjudicial. Pero este tipo de acaparamiento es extremadamente raro. Algo que se parece a esto, pero que debe ser cuidadosamente distinguido de ello, a menudo ocurre *después* de un descenso en los negocios. *Los* gastos de consumo y la inversión se contraen entonces. Los consumidores reducen sus compras. Lo hacen en parte porque temen perder sus empleos y desean conservar sus recursos: han contratado sus compras no porque deseen consumir menos sino porque desean asegurarse de que su poder de consumo se extenderá durante un período más largo si pierden sus empleos.

Pero los consumidores reducen sus compras por otra razón. Los precios de las mercancías probablemente han caído, y temen una nueva caída. Si aplazan el gasto, creen que obtendrán más por su dinero. No desean tener sus recursos en bienes cuyo valor está cayendo, sino en dinero que esperan (relativamente) que aumente de valor.

La misma expectativa les impide invertir. Han perdido su confianza en la rentabilidad de los negocios; o al menos creen que si esperan unos meses pueden comprar acciones o bonos más baratos. Podemos pensar que se niegan a tener en sus manos bienes que pueden caer en valor, o que tienen el dinero en sí mismo para una subida.

Es un nombre equivocado para llamar a esta negativa temporal a comprar «ahorro». No surge de los mismos motivos que el ahorro normal. Y es un error aún más grave decir que este tipo de «ahorro» es la *causa* de las depresiones. Es, por el contrario, la *consecuencia* de las depresiones.

Es cierto que esta negativa a comprar puede intensificar y prolongar una depresión una vez iniciada. Pero no es el origen de la depresión. En momentos en que hay una caprichosa intervención del gobierno en los negocios, y cuando los negocios no saben lo que el gobierno va a hacer a continuación, se crea incertidumbre. Los beneficios no se reinvierten. Las empresas y los individuos permiten que los saldos de efectivo se acumulen en sus bancos. Mantienen reservas más grandes contra contingencias. Este acaparamiento de efectivo puede parecer la causa de una posterior desaceleración de la actividad empresarial. La verdadera causa, sin embargo, es la incertidumbre provocada por las políticas gubernamentales. Los mayores saldos de efectivo de las empresas y los individuos son sólo un eslabón en la cadena de consecuencias de esa incertidumbre. Culpar al «ahorro excesivo» del declive empresarial sería como culpar de la caída del precio de las manzanas no a una cosecha abundante sino a las personas que se niegan a pagar más por las manzanas. Pero una vez que la gente ha decidido burlarse de una práctica o de una institución, cualquier argumento en contra, por ilógico que sea, se considera suficientemente bueno. Se dice que las diferentes industrias de bienes de consumo se construyen sobre la base de la expectativa de una cierta demanda, y que si la gente se empeña en ahorrar decepcionará esta expectativa y comenzará una depresión. Esta afirmación se basa principalmente en el error que ya hemos examinado, el de olvidar que lo que se ahorra en bienes de consumo se gasta en bienes de capital, y que «ahorrar» no significa necesariamente ni siquiera una contracción de un dólar en el gasto *total*. El único elemento de verdad en el argumento es que *cualquier* cambio *repentino* puede ser inquietante. Sería igual de inquietante si los consumidores cambiaran repentinamente su demanda de un bien de consumo a otro. Sería aún más inquietante si los antiguos ahorradores cambiaran repentinamente su demanda de bienes de capital a bienes de consumo.

Se hace otra objeción contra el ahorro. Se dice que es una tontería. El siglo XIX es ridiculizado por su supuesta inculcación de la doctrina de que la humanidad a través del ahorro debe seguir haciéndose un pastel cada vez más grande sin comerlo nunca. Esta imagen del proceso es en sí misma ingenua e infantil. La mejor manera de deshacerse de ella es, tal vez, poner ante nosotros una imagen un poco más realista de lo que realmente ocurre.

Imaginémonos, entonces, una nación que ahorre colectivamente cada año alrededor del 20 por ciento de todo lo que produce en ese año. Esta cifra exagera enormemente la cantidad de ahorro neto que se ha producido históricamente en los Estados Unidos[11], pero es una cifra redonda que se maneja fácilmente, y da el beneficio de toda duda a aquellos que creen que hemos estado «ahorrando en exceso».

Ahora, como resultado de este ahorro e inversión anual, la producción anual total del país aumentará cada año. (Para aislar el problema, estamos ignorando por el momento los booms, las caídas u otras fluctuaciones). Digamos que este aumento anual de la producción es de 2 puntos porcentuales. (Los puntos porcentuales se toman en lugar de un porcentaje compuesto simplemente para simplificar la aritmética). La imagen que obtenemos para un período de once años, digamos, entonces correría algo así en términos de números de índice:

Año	Total Producción	Los consumidores Mercancías Producido	Capital Mercancías Producido
Primero	100	80	20*
Segundo	102.5	82	20.5
Tercero	105	84	21
Cuarto	107.5	86	21.5
Quinto	110	88	22
Sexto	112.5	90	22.5

Séptimo	115	92	23
Octavo	117.5	94	23.5
Noveno	120	96	24
Décimo	122.5	98	24.5
Undécima	125	100	25

*Esto por supuesto supone que el proceso de ahorro e inversión ya se ha iniciado al mismo ritmo.

Lo primero que hay que notar en este cuadro es que la producción total aumenta cada año *debido al ahorro*, y no habría aumentado sin él. (Es posible, sin duda, imaginar que las mejoras y los nuevos inventos en la mera *sustitución de maquinaria* y otros bienes de capital de un valor no superior al antiguo aumentarían la productividad nacional; pero este aumento sería muy escaso, y el argumento, en todo caso, supone una inversión previa suficiente para haber hecho posible la maquinaria existente). El ahorro se ha utilizado año tras año para aumentar la cantidad o mejorar la calidad de la maquinaria existente, y así aumentar la producción de bienes de la nación. Hay, es cierto (si eso por alguna extraña razón se considera una objeción), un «pastel» cada vez más grande cada año. Es cierto que cada año no se consume todo el «pastel» que se produce actualmente. Pero no hay ninguna restricción irracional o acumulativa de consumo. Cada año se consume de hecho un pastel cada vez más grande; hasta que, al final de once años (en nuestra ilustración), el pastel anual de los consumidores por sí solo es igual a los pasteles combinados de los consumidores y los productores del primer año. Además, el equipo de capital, la capacidad de producir bienes, es en sí mismo un 25 por ciento mayor que en el primer año.

Observemos algunos otros puntos. El hecho de que el 20 por ciento de la renta nacional se destine cada año al ahorro no molesta en absoluto a las industrias de bienes de consumo. Si sólo vendieran las 80 unidades que produjeron en el primer año (y no hubiera un aumento de los precios causado por una demanda insatisfecha) no serían tan tontos como para construir sus planes de producción suponiendo que iban a vender 100 unidades en el segundo año. En otras palabras, las industrias de bienes de consumo *ya se orientan hacia* la suposición de que la situación anterior en cuanto a la tasa de ahorro continuará. Sólo un aumento inesperado, repentino *y sustancial* de los ahorros los desestabilizaría y los dejaría con bienes no vendidos.

Pero la misma inquietud, como ya hemos observado, se produciría en las industrias de bienes de *capital* por una *disminución* repentina y sustancial de los ahorros. Si el dinero que antes se hubiera utilizado para el ahorro se destinara a la compra de bienes de consumo, no aumentaría el empleo, sino que simplemente provocaría un aumento del precio de los bienes de consumo y una disminución del precio de los bienes de capital. Su primer efecto sobre el saldo neto sería forzar cambios en el empleo y *disminuir temporalmente* el empleo por su efecto sobre las industrias de bienes de capital. Y su efecto a largo plazo sería reducir la producción por debajo del nivel que de otro modo se habría alcanzado.

Los enemigos de la salvación no han terminado. Empiezan por hacer una distinción, que es bastante apropiada, entre «ahorro» e «inversión». Pero luego empiezan a hablar como si las dos fueran variables independientes y como si fuera un mero accidente que alguna vez se igualaran. Estos escritores pintan un cuadro portentoso. Por un lado están los ahorradores que automáticamente, sin sentido, estúpidamente siguen ahorrando; por otro lado están las limitadas «oportunidades de inversión» que no pueden absorber este ahorro. El resultado, por desgracia, es el estancamiento. La única solución, declaran, es que el gobierno expropie estos estúpidos y perjudiciales ahorros e invente sus propios proyectos, aunque sólo sean zanjas o pirámides inútiles, para agotar el dinero y proporcionar empleo.

Hay tanto que es falso en esta imagen y «solución» que aquí sólo podemos señalar algunas de las principales falacias. El «ahorro» puede exceder a la «inversión» sólo por las cantidades que realmente se acumulan *en efectivo*[12]. Pocas personas hoy en día, en una comunidad industrial moderna como los Estados Unidos, acumulan monedas y billetes en medias o bajo colchones. En la pequeña medida en que esto puede ocurrir, ya se ha reflejado en los planes de producción de las empresas y en el nivel de precios. No suele ser ni siquiera acumulativo: el desecho, al morir los excéntricos reclusos y descubrirse y disiparse sus acervos, probablemente compensa los nuevos acervos. De hecho, la cantidad total involucrada es probablemente insignificante en su efecto sobre la actividad comercial.

Si el dinero se guarda en las cajas de ahorro o en los bancos comerciales, como ya hemos visto, los bancos están ansiosos por prestar e invertirlo. No pueden permitirse tener fondos ociosos. Lo único que hará que la gente en general aumente sus tenencias de efectivo, o que los bancos mantengan fondos ociosos y pierdan el interés sobre ellos, es, como hemos visto, o bien el temor de que los precios de los bienes vayan a caer o el temor de los bancos de que se arriesguen demasiado con su capital. Pero esto significa que ya han aparecido signos de una depresión, y han causado el acaparamiento, en lugar de que el acaparamiento haya comenzado la depresión.

Aparte de este insignificante acaparamiento de efectivo, entonces (e incluso esta excepción podría considerarse como una «inversión» directa en el dinero mismo) los «ahorros» e «inversiones» se equilibran entre sí de la misma manera que se equilibran la oferta y la demanda de cualquier producto básico. Porque podemos definir «ahorro» e «inversión» como constituyendo respectivamente la oferta y la demanda de nuevo capital. Y así como la oferta y la demanda de cualquier otro producto básico se equilibran con el precio, la oferta y la demanda de capital se equilibran con los tipos de interés. El tipo de interés es simplemente el nombre especial del precio del capital prestado. Es un precio como cualquier otro.

Todo este tema ha sido tan terriblemente confuso en los últimos años por complicados sofismas y desastrosas políticas gubernamentales basadas en ellos que uno casi se desespera por volver al sentido común y a la cordura al respecto. Existe un miedo psicopático a los «excesivos» tipos de interés. Se argumenta que si los tipos de interés son demasiado altos no será rentable para la industria pedir prestado e invertir en nuevas plantas y máquinas. Este argumento ha sido tan efectivo que los gobiernos de todas partes en las últimas décadas han aplicado políticas artificiales de «dinero barato». Pero el argumento, en su preocupación por aumentar la demanda de capital, pasa por alto el efecto de estas políticas en la oferta de capital. Es un ejemplo más de la falacia de mirar los efectos de una política sólo en un grupo y olvidar los efectos en otro.

Si los tipos de interés se mantienen artificialmente demasiado bajos en relación con los riesgos, los fondos no se ahorrarán ni se prestarán. Los partidarios del dinero barato creen que el ahorro se realiza automáticamente, independientemente del tipo de interés, porque los ricos saciados no tienen nada más que hacer con su dinero. No se detienen a decirnos precisamente en qué nivel de ingresos personales un hombre ahorra una cantidad mínima fija, independientemente del tipo de interés o del riesgo al que pueda prestarla. El hecho es que, aunque el volumen de ahorro de los muy ricos se ve sin duda afectado mucho menos proporcionalmente que el de los moderadamente acomodados por los cambios en el tipo de interés, el ahorro de prácticamente todo el mundo se ve afectado en algún grado. Argumentar, a partir de un ejemplo extremo, que el volumen de ahorro real no se reduciría por una reducción sustancial del tipo de interés, es como argumentar que la producción total de azúcar no se reduciría por una caída sustancial de su precio porque los productores eficientes y de bajo costo seguirían aumentando tanto como antes.

El argumento pasa por alto al ahorrador marginal, e incluso, de hecho, a la gran mayoría de los ahorradores.

El efecto de mantener los tipos de interés artificialmente bajos, de hecho, es finalmente el mismo que el de mantener cualquier otro precio por debajo del mercado natural. Aumenta la demanda y reduce la oferta. Aumenta la demanda de capital y reduce la oferta de capital real. Provoca una escasez. Crea distorsiones económicas. Es cierto, sin duda, que una reducción artificial de la tasa de interés fomenta el aumento de los préstamos. Tiende, de hecho, a fomentar empresas altamente especulativas que no pueden continuar excepto bajo las condiciones artificiales que las dieron a luz. Por el lado de la oferta, la reducción artificial de los tipos de interés desalienta el ahorro normal. Provoca una escasez comparativa de capital real.

El tipo de cambio puede, en efecto, mantenerse artificialmente bajo sólo mediante continuas nuevas inyecciones de moneda o crédito bancario en lugar de ahorros reales. Esto puede crear la ilusión de más capital así como la adición de agua puede crear la ilusión de más leche. Pero es una política de inflación continua. Es obviamente un proceso que implica un peligro acumulativo. El tipo de cambio subirá y se desarrollará una crisis si la inflación se invierte, o simplemente se detiene, o incluso se continúa a un ritmo menor. Las políticas monetarias baratas, en resumen, eventualmente traen consigo oscilaciones mucho más violentas en los negocios que las que están diseñadas para remediar o prevenir. Si no se hace ningún esfuerzo para manipular los tipos de dinero a través de políticas gubernamentales inflacionistas, el aumento de los ahorros crea su propia demanda bajando los tipos de interés de forma natural. La mayor oferta de ahorros en busca de inversión obliga a los ahorradores a aceptar tipos más bajos. Pero los tipos más bajos también significan que más empresas pueden permitirse pedir un préstamo porque sus posibles beneficios en las nuevas máquinas o plantas que compran con los ingresos parecen superar lo que tienen que pagar por los fondos prestados.

Llegamos ahora a la última falacia sobre el ahorro con la que pretendo tratar. Se trata de la frecuente suposición de que existe un límite fijo para la cantidad de nuevo capital que puede ser absorbido, o incluso que el límite de la expansión de capital ya ha sido alcanzado. Es increíble que tal punto de vista pueda prevalecer incluso entre los ignorantes, y mucho menos que pueda ser sostenido por cualquier economista entrenado. Casi toda la riqueza del mundo moderno, casi todo lo que lo distingue del mundo preindustrial del siglo XVII, consiste en su capital acumulado.

Este capital está formado en parte por muchas cosas que podrían llamarse mejor bienes duraderos de los consumidores: automóviles, refrigeradores, muebles, escuelas, colegios, iglesias, bibliotecas, hospitales y, sobre todo, casas particulares. Nunca en la historia del mundo ha habido suficientes de estos. Todavía hay, con el aplazamiento de la construcción y la destrucción de la Segunda Guerra Mundial, una desesperada escasez de ellos. Pero aunque hubiera suficientes casas desde un punto de vista puramente numérico, las mejoras *cualitativas* son posibles y deseables sin límite definido en todas las casas excepto en las mejores.

La segunda parte del capital es lo que podemos llamar el capital propiamente dicho. Consiste en las herramientas de producción, incluyendo todo, desde el hacha, el cuchillo o el arado más tosco hasta la más fina máquina herramienta, el mayor generador eléctrico o ciclotrón, o la fábrica más maravillosamente equipada. Aquí también, cuantitativa y especialmente cualitativamente, no hay límite para la expansión que es posible y deseable. No habrá un «excedente» de capital hasta que el país más atrasado esté tan bien equipado tecnológicamente como el más avanzado, hasta que la fábrica más ineficiente en América se ponga al día con el equipo más moderno y elaborado, y hasta que las herramientas de producción más modernas hayan llegado a un punto en que el ingenio humano esté en un callejón sin salida, y no pueda mejorarlas más. Mientras cualquiera de estas condiciones permanezca insatisfecha, habrá espacio indefinido para más capital.

Pero, ¿cómo se puede «absorber» el capital adicional? ¿Cómo puede ser «pagado»? Si se aparta y se guarda, se absorberá y se pagará por sí mismo. Los productores invierten en nuevos bienes de capital —es decir, compran nuevas y mejores herramientas más ingeniosas— porque estas herramientas *reducen el costo de producción*. O bien traen a la existencia bienes que la mano de obra completamente sin ayuda no podría traer en absoluto (y esto incluye ahora la mayoría de los bienes que nos rodean —libros, máquinas de escribir, automóviles, locomotoras, puentes colgantes—); o bien aumentan enormemente las cantidades en las que se pueden producir; o bien (y esto no es más que decir estas cosas de otra manera) reducen los costes unitarios de producción. Y como no hay un límite asignable a la medida en que se pueden reducir los costos unitarios de producción —hasta que todo pueda ser producido sin costo alguno— no hay un límite asignable a la cantidad de nuevo capital que puede ser absorbido. La reducción constante de los costos unitarios de producción por la adición de nuevo capital hace una de dos cosas, o ambas. Reduce los costos de los bienes para los consumidores, y aumenta los salarios de la mano de obra que utiliza las nuevas máquinas porque aumenta el poder productivo de esa mano de obra. Así, una nueva máquina beneficia tanto a las personas que trabajan en ella directamente como al gran cuerpo de consumidores. En el caso de los consumidores podemos decir que les proporciona más y mejores bienes por el mismo dinero, o, lo que es lo mismo, que aumenta sus ingresos reales. En el caso de los trabajadores que utilizan las nuevas máquinas, aumenta sus salarios reales de una manera doble al aumentar también sus salarios monetarios. Un ejemplo típico es el negocio del automóvil. La industria automovilística americana paga los salarios más altos del mundo, y entre los más altos incluso en América. Sin embargo, los fabricantes de automóviles americanos pueden vender menos que el resto del mundo, porque su coste unitario es menor. Y el secreto es que el capital utilizado en la fabricación de automóviles americanos es mayor por trabajador y por coche que en cualquier otro lugar del mundo.

Sin embargo, hay personas que piensan que hemos llegado al final de este proceso[13], y otros que piensan que aunque no lo hayamos hecho, el mundo es tonto para seguir ahorrando y aumentando su stock de capital.

No debería ser difícil decidir, después de nuestro análisis, con quién está la verdadera locura.

PARTE III
La lección reformulada

CAPÍTULO 24

La lección reformulada

La economía, como hemos visto una y otra vez, es una ciencia que reconoce las consecuencias *secundarias*. También es una ciencia de ver las consecuencias *generales*. Es la ciencia de rastrear los efectos de alguna política propuesta o existente no sólo en algún interés *especial a corto plazo*, sino en el interés *general a largo plazo*.

Esta es la lección que ha sido la preocupación especial de este libro. Lo dijimos primero en forma de esqueleto, y luego le pusimos carne y piel a través de más de una veintena de aplicaciones prácticas.

Pero en el curso de la ilustración específica hemos encontrado indicios de otras lecciones generales; y deberíamos hacer bien en exponer estas lecciones a nosotros mismos más claramente.

Al ver que la economía es una ciencia de rastrear las consecuencias, debemos haber tomado conciencia de que, al igual que la lógica y las matemáticas, es una ciencia de reconocer las inevitables *implicaciones*.

Podemos ilustrar esto con una ecuación elemental en álgebra. Supongamos que decimos que si $x = 5$ entonces $x + y = 12$. La «solución» de esta ecuación es que y es igual a 7; pero esto es tan preciso porque la ecuación nos *dice* en efecto que y es igual a 7. No hace esa afirmación directamente, pero inevitablemente la implica.

Lo que es cierto para esta ecuación elemental es cierto para las ecuaciones más complicadas y abstrusas que se encuentran en las matemáticas. *La respuesta ya se encuentra en el enunciado del problema*. Debe, es cierto, ser «resuelto». El resultado, es cierto, puede a veces llegar al hombre que resuelve la ecuación como una sorpresa sorprendente. Incluso puede tener la sensación de descubrir algo completamente nuevo — una emoción como la de «algún observador de los cielos, cuando un nuevo planeta nada en su ken». Su sentido del descubrimiento puede estar justificado por las consecuencias teóricas o prácticas de su respuesta. Sin embargo, su respuesta ya estaba contenida en la formulación del problema. Simplemente no fue reconocida de inmediato. Las matemáticas nos recuerdan que las implicaciones inevitables no son necesariamente obvias.

Todo esto es igualmente cierto en la economía. En este sentido, la economía podría compararse también con la ingeniería. Cuando un ingeniero tiene un problema, primero debe determinar todos los hechos relacionados con ese problema. Si diseña un puente para que abarque dos puntos, debe conocer primero la distancia exacta entre esos dos puntos, su naturaleza topográfica precisa, la carga máxima que su puente será diseñado para soportar, la resistencia a la tracción y a la compresión del acero u otro material del que se va a construir el puente, y las tensiones y esfuerzos a los que puede estar sometido. Gran parte de esta investigación fáctica ya ha sido realizada para él por otros. Sus predecesores, también, han desarrollado ya elaboradas ecuaciones matemáticas por las que, conociendo la resistencia de sus materiales y las tensiones a las que serán sometidos, puede determinar el diámetro, la forma, el número y la estructura necesarios de sus torres, cables y vigas.

Del mismo modo, el economista, al que se le asigna un problema práctico, debe conocer tanto los hechos esenciales de ese problema como las deducciones válidas que deben hacerse de esos hechos. El lado deductivo de la economía no es menos importante que los hechos. Se puede decir de él lo que Santayana dice de la lógica (y lo que podría decirse igualmente de las matemáticas), que «traza la radiación de la verdad», de modo que «cuando se conoce un término de un sistema lógico para describir un hecho, todo el sistema que se adjunta a ese término se vuelve, por así decirlo, incandescente»[14].

Ahora pocas personas reconocen las implicaciones necesarias de las declaraciones económicas que hacen constantemente. Cuando dicen que el camino a la salvación económica es aumentar el «crédito», es como si dijeran que el camino a la salvación económica es aumentar la deuda: son diferentes nombres para la misma cosa vista desde lados opuestos. Cuando dicen que el camino a la prosperidad es aumentar los precios agrícolas, es como si dijeran que el camino a la prosperidad es hacer que los alimentos sean más caros para el trabajador de la ciudad. Cuando dicen que el camino a la riqueza nacional es pagar los subsidios gubernamentales, en efecto están diciendo que el camino a la riqueza nacional es aumentar los impuestos. Cuando hacen del aumento de las exportaciones un objetivo principal, la mayoría de ellos no se dan cuenta de que necesariamente hacen del aumento de las importaciones un objetivo principal en última instancia. Cuando dicen, en casi todas las condiciones, que el camino hacia la recuperación es aumentar los salarios, sólo han encontrado otra forma de decir que el camino hacia la recuperación es aumentar los costos de producción.

No se deduce necesariamente, porque cada una de estas proposiciones, como una moneda, tenga su reverso, o porque la proposición equivalente, o el otro nombre del remedio, suene mucho menos atractivo, que la propuesta original sea en todas las condiciones poco sólida. Puede haber ocasiones en que el aumento de la deuda sea una consideración menor en comparación con las ganancias obtenidas con los fondos prestados; cuando un subsidio del gobierno es inevitable para lograr un determinado propósito; cuando una industria determinada puede permitirse un aumento de los costos de producción, y así sucesivamente. Pero debemos asegurarnos en cada caso de que las dos caras de la moneda han sido consideradas, que todas las implicaciones de una propuesta han sido estudiadas. Y esto rara vez se hace.

El análisis de nuestras ilustraciones nos ha enseñado otra lección incidental. Es que, cuando estudiamos los efectos de diversas propuestas, no sólo en grupos especiales a corto plazo, sino en todos los grupos a largo plazo, las conclusiones a las que llegamos suelen corresponderse con las del sentido común poco sofisticado. No se le ocurriría a nadie que no conozca la media alfabetización económica imperante que es bueno que se rompan las ventanas y se destruyan las ciudades; que es todo menos un desperdicio crear proyectos públicos innecesarios; que es peligroso dejar que hordas de hombres ociosos vuelvan al trabajo; que hay que temer a las máquinas que aumentan la producción de riqueza y economizan el esfuerzo humano; que los obstáculos a la libre producción y al libre consumo aumentan la riqueza; que una nación se enriquece obligando a otras naciones a tomar sus bienes por menos de lo que cuestan de producir; que ahorrar es estúpido o malvado y que la disipación trae prosperidad.

«Lo que es prudencia en la conducta de toda familia privada», dijo el fuerte sentido común de Adam Smith en respuesta a los sofistas de su tiempo, «puede ser escasa locura en la de un gran reino». Pero los hombres menores se pierden en las complicaciones. No reexaminan su razonamiento incluso cuando salen con conclusiones que son palpablemente absurdas. El lector, dependiendo de sus propias creencias, puede o no aceptar el aforismo de Bacon de que «Un poco de filosofía inclina la mente del hombre al ateísmo, pero la profundidad de la filosofía lleva la mente de los hombres a la religión». Es ciertamente cierto, sin embargo, que un poco de economía puede fácilmente llevar a las paradójicas y absurdas conclusiones que acabamos de ensayar, pero esa profundidad en la economía hace que los hombres vuelvan al sentido común. Porque la profundidad de la economía consiste en buscar todas las consecuencias de una política en lugar de limitarse a descansar la mirada en las inmediatamente visibles.

En el curso de nuestro estudio, también, hemos redescubierto a un viejo amigo. Es el Hombre Olvidado de William Graham Sumner. El lector recordará que en el ensayo de Sumner, que apareció en 1883:

> Tan pronto como A observa algo que le parece incorrecto, de lo que X está sufriendo, A lo discute con B, y A y B proponen entonces que se apruebe una ley para remediar el mal y ayudar a X. Su ley siempre propone determinar lo que C hará por X o, en el mejor de los casos, lo que A, B y C harán por X....Lo que quiero hacer es buscar a C.... Lo llamo el Hombre Olvidado.... Es el hombre en el que nunca se piensa. Es la víctima del reformador, especulador social y filántropo, y espero demostrarle antes de que acabe que merece su atención tanto por su carácter como por las muchas cargas que se le imponen.

Es una ironía histórica que cuando esta frase, el Hombre Olvidado, fue revivida en la década de 1930, se aplicó, no a C, sino a X; y C, a quien se le pidió entonces que apoyara aún más a X, fue más completamente olvidado que nunca. Es C, el Hombre Olvidado, a quien siempre se le pide que apague el corazón sangrante del político pagando por su generosidad vicaria.

El estudio de nuestra lección no estaría completo si, antes de despedirnos de ella, descuidáramos la observación de que la falacia fundamental de la que nos hemos ocupado surge no accidentalmente sino sistemáticamente. Es un resultado casi inevitable, de hecho, de la división del trabajo.

En una comunidad primitiva, o entre pioneros, antes de que haya surgido la división del trabajo, un hombre trabaja únicamente para sí mismo o para su familia inmediata. Lo que consume es idéntico a lo que produce. Siempre hay una conexión directa e inmediata entre su producción y sus satisfacciones.

Pero cuando se ha establecido una elaborada y minuciosa división del trabajo, esta conexión directa e inmediata deja de existir. No hago todas las cosas que consumo sino, tal vez, sólo una de ellas. Con los ingresos que obtengo de hacer esta mercancía o de prestar este servicio, compro todo lo demás. Deseo que el precio de todo lo que compro sea bajo, pero me interesa que el precio de la mercancía o los servicios que tengo que vender sea alto. Por lo tanto, aunque deseo ver abundancia en todo lo demás, me interesa que la escasez exista en lo que me corresponde suministrar. Cuanto mayor sea la escasez, comparada con todo lo demás, en esta cosa que suministro, mayor será la recompensa que puedo obtener por mis esfuerzos.

Esto no significa necesariamente que vaya a restringir mis propios esfuerzos o mi propia producción. De hecho, si soy sólo uno de un número considerable de personas que suministran ese producto o servicio, y si existe libre competencia en mi línea, esta restricción individual no me pagará. Por el contrario, si soy un cultivador de trigo, digamos, quiero que mi cosecha particular sea lo más grande posible. Pero si sólo me preocupa mi propio bienestar material, y no tengo escrúpulos humanitarios, quiero que la producción de todos *los demás* cultivadores de trigo sea lo más *baja posible*; porque quiero que haya escasez de trigo (y de cualquier producto alimenticio que pueda sustituirlo) para que mi cosecha particular pueda alcanzar el precio más alto posible.

Normalmente estos sentimientos egoístas no tendrían ningún efecto en la producción total de trigo. Dondequiera que exista la competencia, de hecho, cada productor se ve obligado a poner su máximo esfuerzo para obtener la mayor cosecha posible en su propia tierra. De esta manera, las fuerzas del interés propio (que, para bien o para mal, son más persistentemente poderosas que las del altruismo) se aprovechan al máximo.

Pero si es posible que los cultivadores de trigo o cualquier otro grupo de productores se combinen para eliminar la competencia, y si el gobierno permite o fomenta tal curso, la situación cambia. Los cultivadores de trigo pueden ser capaces de persuadir al gobierno nacional —o, mejor, a una organización mundial— para obligar a todos ellos a reducir a *prorrata* la superficie plantada de trigo. De esta manera provocarán una escasez y elevarán el precio del trigo; y si el aumento del precio por bushel es proporcionalmente mayor, como bien puede ser, que la reducción de la producción, entonces los cultivadores de trigo en su conjunto estarán en mejor situación. Obtendrán más dinero; podrán comprar más de todo lo demás. Todos los demás, es cierto, estarán peor; porque, a igualdad de otras cosas, todos los demás tendrán que dar más de lo que producen para obtener menos de lo que el cultivador de trigo produce. Así que la nación en su conjunto será mucho más pobre. Será más pobre por la cantidad de trigo que no se ha cultivado. Pero aquellos que sólo miran a los cultivadores de trigo verán una ganancia, y se perderán la pérdida más que compensada.

Y esto se aplica en todas las demás líneas. Si debido a condiciones climáticas inusuales se produce un aumento repentino de la cosecha de naranjas, todos los consumidores se beneficiarán. El mundo será más rico con muchas más naranjas. Las naranjas serán más baratas. Pero ese mismo hecho puede hacer que los cultivadores de naranjas como grupo sean más pobres que antes, a menos que el mayor suministro de naranjas compense o compense con creces el precio más bajo. Ciertamente, si bajo tales condiciones mi cosecha particular de naranjas no es mayor de lo habitual, entonces estoy seguro de que perderé por el precio más bajo causado por la abundancia general.

Y lo que se aplica a los cambios en la oferta se aplica a los cambios en la demanda, ya sea por nuevos inventos y descubrimientos o por cambios en el gusto. Una nueva máquina recogedora de algodón, aunque puede reducir el costo de la ropa interior y las camisas de algodón para todos, y aumentar la riqueza general, dejará a miles de recogedores de algodón sin trabajo. Una nueva máquina textil, tejiendo una mejor tela a un ritmo más rápido, hará obsoletas miles de máquinas viejas, y eliminará parte del valor del capital invertido en ellas, haciendo así más pobres a los dueños de esas máquinas. El desarrollo de la energía atómica, aunque podría conferir bendiciones inimaginables a la humanidad, es algo que temen los propietarios de las minas de carbón y los pozos de petróleo.

Así como no hay ninguna mejora técnica que no dañe a alguien, tampoco hay ningún cambio en el gusto o la moral del público, incluso para mejor, que no dañe a alguien. Un aumento de la sobriedad pondría a miles de camareros fuera del negocio. Un descenso en el juego obligaría a los croupiers y a los corredores de apuestas a buscar ocupaciones más productivas. Un aumento de la castidad masculina arruinaría la profesión más antigua del mundo.

Pero no son sólo los que deliberadamente se complacen en los vicios de los hombres los que se verían perjudicados por una repentina mejora de la moral pública. Entre los que más se verían afectados son precisamente aquellos cuyo negocio es mejorar esa moral. Los predicadores tendrían menos de qué quejarse; los reformistas perderían sus causas; la demanda de sus servicios y las contribuciones para su apoyo disminuirían. Si no hubiera criminales necesitaríamos menos abogados, jueces y bomberos, y no habría carceleros, ni cerrajeros, y (excepto por servicios tales como desenredar los gruñidos del tráfico) ni siquiera policías.

En un sistema de división del trabajo, en resumen, es difícil pensar en una mayor satisfacción de cualquier necesidad humana que no perjudique, al menos temporalmente, a algunas de las personas que han hecho inversiones o adquirido dolorosamente habilidades para satisfacer esa necesidad precisa. Si el progreso fuera completamente parejo en todo el círculo, este antagonismo entre los intereses de toda la comunidad y del grupo especializado no presentaría, si se notara, ningún problema serio. Si en el mismo año en que aumentó la cosecha mundial de trigo, mi propia cosecha aumentó en la misma proporción; si la cosecha de naranjas y todos los demás productos agrícolas aumentaron en la misma proporción, y si la producción de todos los bienes industriales también aumentó y su costo unitario de producción disminuyó para corresponder, entonces yo, como cultivador de trigo, no sufriría por el aumento de la producción de trigo. El precio que obtuve por un bushel de trigo podría disminuir. La suma total que obtuve de mi mayor producción podría disminuir. Pero si también pudiera, debido al aumento de los suministros, comprar la producción de todos los demás más barato, entonces no tendría ningún motivo real para quejarme. Si el precio de todo lo demás cayera exactamente en la misma proporción que la disminución del precio de mi trigo, estaría mejor, de hecho, exactamente en proporción al aumento de mi cosecha total; y todos los demás, de la misma manera, se beneficiarían proporcionalmente del aumento de los suministros de todos los bienes y servicios.

Pero el progreso económico nunca se ha producido y probablemente nunca se producirá de esta manera completamente uniforme. El avance ocurre ahora en esta rama de la producción y ahora en aquella. Y si hay un aumento repentino en el suministro de la cosa que ayudo a producir, o si un nuevo invento o descubrimiento hace que lo que produzco ya no sea necesario, entonces la ganancia para el mundo es una tragedia para mí y para el grupo productivo al que pertenezco.

Ahora bien, a menudo no es la ganancia difusa del aumento de la oferta o del nuevo descubrimiento lo que más fuerza golpea incluso al observador desinteresado, sino la pérdida concentrada. Se pierde de vista el hecho de que hay más café y más barato para todos; lo que se ve es simplemente que algunos caficultores no pueden ganarse la vida a un precio más bajo. Se olvida el aumento de la producción de zapatos a menor costo por la nueva máquina; lo que se ve es un grupo de hombres y mujeres expulsados del trabajo. Es del todo correcto —de hecho, es esencial para comprender plenamente el problema— que se reconozca la difícil situación de estos grupos, que se les trate con compasión y que intentemos ver si algunos de los beneficios de este progreso especializado no pueden utilizarse para ayudar a las víctimas a encontrar un papel productivo en otro lugar.

Pero la solución no es nunca reducir los suministros arbitrariamente, impedir nuevos inventos o descubrimientos, o apoyar a las personas para que sigan prestando un servicio que ha perdido su valor. Sin embargo, esto es lo que el mundo ha tratado de hacer repetidamente mediante aranceles protectores, la destrucción de maquinaria, la quema de café, y miles de esquemas de restricción. Esta es la insana doctrina de la riqueza a través de la escasez.

Es una doctrina que siempre puede ser verdad en privado, desafortunadamente, para cualquier grupo particular de productores considerados en aislamiento — si pueden hacer escaso lo único que tienen para vender mientras mantienen en abundancia todas las cosas que tienen para comprar. Pero es una doctrina que siempre es públicamente falsa. Nunca puede ser aplicada en todo el círculo. Porque su aplicación significaría un suicidio económico.

Y esta es nuestra lección en su forma más generalizada. Porque muchas cosas que parecen ser verdaderas cuando nos concentramos en un solo grupo económico se ven como ilusiones cuando se consideran los intereses de todos, como consumidor no menos que como productor.

Ver el problema como un todo, y no en fragmentos: ese es el objetivo de la ciencia económica.

[1] *Reason and Nature* (Nueva York: Harcourt, Brace & Co., 1931), p. x.
[2] New York Times, 2 de enero de 1946.
[3] Testimonio de Dan H. Wheeler, director de la División de Carbón Bituminoso. Las audiencias sobre
extensión de la Ley de Carbón Bituminoso de 1937.
[4] A.C. Pigou, *The Theory of Unemployment* (Londres: Macmillan, 1933), p. 96.
[5] Paul H. Douglas, *The Theory of Wages* (Nueva York: Macmillan, 1934), p. 501.
[6] Cf. Frank H. Knight, Risk, Uncertainty and Profit (Boston: Riverside Press, 1921).
[7] El lector interesado en un análisis de ellos debe consultar a Benjamin M. Anderson, *The Value of Money* (Nueva York: Macmillan, 1917; Nueva York: Richard R. Smith, 1936); o Ludwig von Mises, *The Theory of Money and Credit* (New Haven, Conn.: Yale University Press, 1953).
[8] Cf. John Stuart Mill, *Principles of Political Economy* (Nueva York: D. Appleton, 1901; libro 3, cap. 14, par. 2); Alfred Marshall, *Principles of Economics* (Londres: Macmillan, 1938; libro VI, cap. XIII, sec. 10), y Benjamin M. Anderson, «A Refutation of Keynes' Attack on the Doctrine that Aggregate Supply Creates Aggregate Demand», en *Financing American Prosperity* por un simposio de economistas.
[9] Karl Rodbertus, *Overproduction and Crises* (1850), p. 51.
[10] Cf. Hartley Withers, *Poverty and Waste* (1914).
[11] Históricamente el 20 por ciento representaría aproximadamente la cantidad *bruta* del producto nacional bruto dedicado cada año a la formación de capital (excluyendo el equipo de los consumidores). Sin embargo, cuando se tiene en cuenta el consumo de capital, el ahorro *neto* anual se ha acercado más al 12 por ciento. Cf. George Terborgh, *The Bogey of Economic Maturity* (Chicago: Machinery and Allied Products Institute, 1945).
[12] Muchas de las diferencias entre los economistas en los diversos puntos de vista que se expresan actualmente sobre este tema son simplemente el resultado de diferencias de definición. El «ahorro» y

la «inversión» pueden definirse de manera que sean idénticos y, por lo tanto, necesariamente iguales. Aquí estoy eligiendo definir «ahorro» en términos de dinero e «inversión» en términos de bienes. Esto se corresponde aproximadamente con el uso común de las palabras, que, sin embargo, no siempre es coherente.

[13] Para una refutación estadística de esta falacia consultar George Terborgh, *The Bogey of Economic Maturity* (1945).

[14] George Santayana, *The Realm of Truth* (Nueva York: Scribners, 1938), p. 16.